Am Morgen war er noch im Wald, junge Eschen für ein Taubenhaus zu schlagen – da läuteten die Glocken. Es ist der 1. September 1939, auch der Architekt, der einen ersten Auftrag hat, muss alles stehen und liegen lassen – Generalmobilmachung. Es verschlägt ihn in ein Tessiner Bergdorf, wo die Kinder den Soldaten helfen, das Schulhaus auszuräumen, und der Spätsommer mit den blauen Trauben an den Reben leuchtet. Er spitzt erneut den Bleistift, um Stellungen zu bauen. Der deutsche Überfall droht. Es ist ein Wachen und Warten. Wenn am Abend alle zusammen die Nachrichten hören, blickt niemand auf.

In *Blätter aus dem Brotsack* erzählt Max Frisch das unmittelbare Erleben, den Schock des Kriegsausbruchs – ein Jahrhundertereignis, das nicht zu fassen ist und doch alles verändert, alle Pläne durchkreuzt. Noch ist es wie ein böser Traum, aus dem man bald zu erwachen hofft. Die ersten Wochen Soldatenalltag, Bergmärsche mit Blick auf die Gipfel, ein Fußballspiel, das das Krankenzimmer füllt, Abende am Kamin, all das schiebt sich vor die andere Wirklichkeit, die aus dem Radio zu ihnen dringt. Kurz scheint sie auf, die nackte Angst vor dem, was morgen kommt.

Frischs frühes Werk wurde im März 1940 bei Atlantis publiziert. Die Neuausgabe schlägt nicht nur eine Brücke zu den Anfängen des Verlags, sondern enthält erstmals auch die später im Jahr verfassten Blätter, wie vom Autor selbst seinerzeit angeregt.

Max Frisch

Blätter aus dem Brotsack

Mit einem Nachwort von Tobias Amslinger

Atlantis

Die *Blätter aus dem Brotsack* erschienen erstmals 1940 und im Nachdruck 1964 im Atlantis Verlag, Zürich. Für die vorliegende Ausgabe wurde das Buch um eine Folge Blätter erweitert, die seinerzeit, am 23., 25., 27., 29. und 30.12.1940 und am 1.1.1941, im Feuilleton der *Neuen Zürcher Zeitung* publiziert wurden.

Bei Suhrkamp erschienen die *Blätter aus dem Brotsack* in der Ausgabe *Gesammelte Werke in zeitlicher Folge* (1976) sowie im Band *Schweiz als Heimat?* (1990), herausgegeben von Walter Obschlager, der auch die neue Folge der *Blätter* aufnahm.

Diese Neuausgabe folgt der Fassung des Atlantis Verlags von 1964 und, für die neue Folge, der 1990 bei Suhrkamp erschienenen Ausgabe; dort vorgenommene einzelne Änderungen am ursprünglichen Textkorpus wurden weitgehend übernommen. Orthographische Fehler wurden vom Verlag korrigiert und Schreibweisen vereinheitlicht. Auf Seite 34 wurde ein bislang in allen Ausgaben fehlerhaft platzierter Abschnitt umgestellt; Max Frisch hatte Atlantis-Verleger Martin Hürlimann in einem Brief vom 22.3.1940 darauf hingewiesen.

www.atlantisverlag.ch

Covergestaltung: Lara Flues
Satz: Tristan Walkhoefer, Leipzig
Gesetzt aus der Stempel Garamond LT /20220130
Druck und Bindung: GGP Media GmbH, Pößneck
Auch als E-Book erhältlich
ISBN 978 3 7125 5010 6

Geschrieben im Grenzdienst 1939

Wir kamen, ein Gärtnerbursche und ich, gerade aus dem morgendlichen Wald, wo wir junge Eschen gefällt hatten. Als zierliche Stelzen unter ein Taubenhaus, das für den Stadtpark bestimmt war. Es war die erste bürgerliche Stelle, eben angetreten, der erste Entwurf, der verwirklicht werden sollte. Nicht immer nur blosses Papier, nur Striche, nur Worte, nur Bilder. Ganz wirklich, ganz greifbar waren diese schlanken Stämmchen, ein halber Wagen voll, und wir wollten eben in die Schreinerei fahren –

Da läuteten die Glocken.

Schon heute, am Vorabend des eigentlichen Kriegsaufgebotes, sind alle Bahnhöfe und Brücken von blanken Bajonetten bewacht. Überall wimmelt es von Feldgrauen, als wären sie aus der Erde geschossen. Einer, der neben mir im Wagengang hockt, so, dass wir an jeder Station wieder aufstehen müssen und unseren Aff wegnehmen, meint mit einem halben Lächeln, er habe gar nicht gewusst, dass es so viele Schweizer gebe.

Wir fahren durch die Nacht; die Fenster sind nun schwarz, als führe man in einen endlosen Tunnel. Auch hier scheint eigentlich niemand überrascht, nur ein gewisser Ernst, eine gewisse Bitternis ist da, dass es wirklich gekommen ist, wie man dachte. Etliche tun, als schliefen sie. Damit sie die Augen schliessen können. Es ist ein rascher Abschied gewesen.

Andere sitzen einfach da, die Ellbogen auf den Knien, und blicken auf ihre Schuhe. Gesungen wird nicht, zum Glück, und man hört auch keine grossen Redensarten.

Was gäbe es schon zu sagen?

Einzig eine junge Frau, die da mitfährt und deren Kind ein alter Soldat auf die Knie genommen hat, verliert die Nerven, schwatzt von ihrem Mann, der zum Hilfsdienst kommt, und erwartet, dass wir Soldaten in Mitleid zergehen.

Endlich, fast gegen Mitternacht, war es so weit. Wir gingen auf einer mondhellen Landstrasse. Von den Fenstern winkten die Leute; ein kleiner Knirps im Nachthemd war auch noch wach:

»Evviva la Svizzera!« ruft er.

Man weiss nicht, wo man eigentlich ist. In einem malerischen Höflein. Wie in einer Oper sieht es aus, so ein lächerlich grosser Mond, der gerade über dem schwarzen Dach und einem bizarren Kamin hängt, und dann fehlt es auch nicht an zierlichen Balkönchen, an runden Bogen und seltsamen Gestalten, die aus dem Halbdunkel der verlotterten Arkaden gaffen. Draussen in den Sümpfen oder in den Feldern, wo der mannshohe Mais steht, singen und lärmen die Vögel. Oder vielleicht sind es auch nur Grillen, ich weiss nicht. Auch hier, wie an den Bahnhöfen, geht schon eine Wache hin und her. Nur dass es diesmal ein Kamerad ist. In Reih und Glied stehen wir unter den rabenschwarzen Kastanien, während unsere Namen verlesen werden.

Man wurde erwartet – das ist ein gutes Gefühl, man weiss, wohin man gehört.

Arbeit gebe es keine mehr, dafür Suppe und Brot. Unsere

Geschütze stehen schon seit Stunden in der Fliegerdeckung, so dass wir unsere Säcke, unsere Gewehre, unsere Helme wieder aufnehmen, alles in den nahen Schopf tragen, wo auch das Stroh schon verzettelt ist, dann schütteln wir das Mottenpulver aus den Wolldecken.

Es ist ein langer Tag gewesen: morgens noch am Zeichentisch, und dann die Fahrt nach Hause, wo alles schon bereit lag, ein rascher Kaffee, und wieder am Bahnhof, eine Viertelstunde, ein Gewimmel von Soldaten und Helmen, ein einziges Gesicht, das alles aufwiegt – und jetzt hockt man da, nicht nur am anderen Zipfel unseres Landes, in einer andern Welt überhaupt: es ist, als habe die Zeit einen Sprung bekommen, und man weiss nicht mehr, wie die beiden Teile jemals zusammengehörten.

Die andern, der eigentliche Hauptharst, werden erst in der Morgenfrühe erwartet; jeder hofft noch auf vertraute Gesichter.

All diese vergangenen Jahre, wer sehnte sich immer nach Wandlung des Lebens? Vielleicht kommt sie stets von anderer Seite. Weil es stets den Schrecken braucht, damit es uns weiterbringt. Es kommt nur darauf an, ob man ihm ausweicht, ob man ihn innerlich annimmt. Wozu also die grossen Verwünschungen? Im Grunde kann es doch nur das eigene Herz sein, das letztlich entscheidet, ob es eine brache oder fruchtbare Zeit ist.

Und dann:

Was war uns der Friede, solange wir ihn hatten? Ohne die Finsternisse der Nacht, wie knieten wir vor der Sonne? Ohne das Grauen vor dem Tode, wie begriffen wir jemals das Dasein? Alles Leben wächst aus der Gefährdung.

Das Ausrüsten geht weiter. Jeder bekommt seinen Verbandstoff, seinen Notvorrat, seine Gasmaske. Unversehens stehen wir in diesen feldgrauen Rüsseln da. Wie Fabelschweine oder eine Art von gespenstischen Wespen. Und was fällt den Leuten ein, als sie sich in diesem Aufzug sehen? – Sie singen:

»Wo Berge sich erheben
am hehren Himmelszelt,
da ist ein freies Leben –«

Durch all die Kläppchen, die zum Auslassen der verbrauchten Luft vorhanden sind, kommen ihre stumpfen und näselnden Stimmen:

»Da ist ein freies Leben,
da ist die Alpenwelt.«

Ein Leutnant befiehlt Ruhe.

Wo man hinhört, man ist nicht der einzige, der sich in diesen Tagen wie ein armseliger Käfer vorkommt, von einer grossen und scheinbar mutwilligen Hand zurückgeworfen, wo man sich eben, nach jahrelangem Mühen, endlich einem Ausweg nahte. Es sind nur wenige, die wieder nach Hause können. Einer, der bis Weihnachten entlassen ist, spendet vor Freude noch eine Runde …

Bis Weihnachten?

Wir blicken ihm nur nach, und wie kurzsichtig macht uns der Neid. Mindestens im Augenblick. Jeder ginge mit ihm, wenn er in diesem Augenblick die freie Wahl hätte. Kein Zweifel. Und es ist gut, dass wir die Wahl nicht haben. Im

Grunde, wer wollte sich in dieser Stunde ausschliessen? Wer könnte fortan noch mit Ruhe und Freude an seiner Arbeit bleiben, während die andern in den Bergen stehen und sich die blauen Hände reiben? Und wer könnte noch seinen Wünschen nachgehen, jetzt, wo nur noch Weiber und Greise und Kinder auf den Feldern stehen und die reifen Garben binden, jetzt, wo sich die Mädchen in den Krankenhäusern melden –

Es gibt doch keinen Urlaub von der Zeit!

Auch zu Hause nicht.

Wir andern alle, bereits mit scharfen Ladern versehen, stellen uns noch an diesem Morgen zum Fahneneid, ein feldgraues Viereck um einen freien Raum, wo aus den Bäumen das scherbelige Herbstlaub fällt. Leider ist keine Fahne da. Auch kein Vertreter des Staates. Ein Hauptmann und eine Batterie, Soldaten unter sich, und unweit von uns die stummen Geschütze – – –

Nur jetzt keine Redensarten!

Wir werden geboren und haben nicht um unser Leben gebeten, nicht unser Vaterland erwählt. Einmal am Leben aber, ja, wie hangen wir daran, und wie lieben wir auch das Land, das unser Vaterland ist, selbst wenn es nicht in aller Mund wäre, selbst wenn es uns schmerzt. Wir haben Menschen gesehen, denen man das Vaterland aus der Seele gerissen hatte, so, dass sie langsam daran verbluten. Aber auch wir, die wir eine Fahne haben, einen Flecken auf der Erde, wo uns nur das Gewissen gebietet, müssen eine letzte Heimat erst suchen, und wer weiss, ob sie auf dieser Erde ist? Wir wollen das Grenzenlose, ob man es Herrgott nennt oder anders, nicht preisgeben und aus dem Boden, den es uns lieh, niemals einen Götzen machen, der den Menschen in uns erwürgt; wir werden unser Vaterland lieben und es verteidigen, niemals es anbeten.

»Ich schwöre oder gelobe es …«

Wir haben die Helme in der linken Hand. Wer schwört, wer gelobt, das hört man nicht. Es gehen die hellen Hände empor, und jeder steht in diesem Augenblick für sich, ganz und gar. Man schwört nicht für seinen Nachbarn, und er nicht für dich. Eigentlich ist es nur eine Abrechnung: all die Jahre hat man empfangen, als Eidgenosse ohne Eid, und nun kommt die Stunde, wo wir vielleicht zahlen müssen. Der Preis ist allerdings gross. Unser ganzes, einmaliges und unwiederholbares Dasein … An einem solchen Morgen, wenn das welkende Laub in den herbstlichen Himmel leuchtet, in diese unsagbar heitere Bläue, wer weiss denn, was das heisst?

Wir ziehen die Helme wieder an.

Zwei Leute haben den Eid nicht geleistet. Der Hauptmann ruft sie vor, fragt unter vier Augen. Die Sache ist in Ordnung. Sie treten ein, und niemand fragt weiter. Auch über den Eid wird den ganzen Tag nicht ein einziges Wort gesprochen.

Wie Heinzelmännchen helfen uns die kleinen Tessinerli beim Ausräumen ihrer Schule, die noch voll Kinderbänke ist. Auch eine Leinwand ist da, ein Apparat für lehrreiche Lichtbilder, eine Karte von Europa, wie es neulich noch war, und ein ganzer Tisch voll duftender Lindenblüten, zum Trocknen ausgebreitet … Plötzlich haben sie einen Heidenspass:

»Eh la Madonna!« rufen sie: »La Madonna!«

Mit äusserster Sorgfalt nehmen wir alles herunter, was uns zerbrechlich dünkt; es ist keine Zeit für Glas, und an kahlen Wänden wird aller Glaube sich fortan bewähren müssen ...

Inzwischen sind auch die Wagen eingetroffen. Von allen möglichen Firmen. Wir verteilen uns an die Seile, und die Geschütze werden verladen, so dass wir noch an diesem Abend, wenigstens im grossen ganzen, marschbereit sind.

Ob es losgeht und wohin, wer kann es wissen?

Es ist wieder eine klare Nacht, nur ein milchblasser Dunst über dem Talboden, und da, wo der rauschende Fluss einen Bogen macht, schimmern die mondweissen Kiesbänke.

England und Frankreich, heisst es, haben den Krieg erklärt, oder sie würden ihn erklären.

Wir laden weiter, Körbchen um Körbchen, jedesmal vier Granaten, und einer redet noch immer von Ausgang, fragt jeden zweiten, wie spät es sei. Bis ihm einer sagt, er sei ein Tschumpel. Wie in einem Klosterhof sieht es aus, so still und verschwiegen. An den Wagen, die wir laden und laden, bis sie fast auf den Federn aufstehen, zittern die Scheinwerfer, tasten mit ihren Lichtfühlern in das finstere Gebüsch. Was nicht allen willkommen ist. Zwei Leute fluchen sich an, dass es eine Art hat: schon bei dieser Arbeit entpuppen sich die ersten Drückeberger, die es im Dunkeln verstehen, jedesmal einen Gang auszulassen, während die andern, die weiter laden, längst nicht mehr wissen, welche Schulter sie unter das nächste Körbchen halten sollen.

Unsere Tornister lagen auf der Erde, in Reih und Glied, als wären wir's selber, und wir sollten sie öffnen oder aufnehmen, wussten indessen genau, dass sich unter der Hose, die nach Vorschrift gefaltet ist, eine kleine, fast zierliche Leiche befände – ich erwachte an dem Entsetzen, es könnte die eigene sein, die man sich auf den Rücken lädt.

Kurz darauf bläst es zur Tagwache.

Wir turnen nun jeden Morgen, bevor noch die Sonne über den bläulichen Bergen aufgeht; dann, schon ordentlich erwärmt, frühstücken wir aus den Gamellen, wie aus feldgrauen Trögen, die jeder im Stehen vor sich hinhält; nur einzelne sind schon so reif, dass sie sich platterdings auf jeden Boden setzen und munter-wortlos ihre warmen Brocken fletschen.

In einem Brief heisst es:

»Dann denke ich wieder, wie es sein müsste, wenn das Schlimmste an uns vorüberginge und dass dann vieles neu und ganz anders werden müsste mit mir. Aber zugleich weiss ich, wie bald das alles vergessen ist, wenn man einmal wieder aufatmet. Das ist das Entsetzlichste. Und ich schäme mich, dass ich für uns eine Erleichterung erhoffen wollte, und ich will es nicht mehr.«

Und weiter unten:

»Es ist eine Zeit, wo man an allem Unfertigen nun doppelt so schwer trägt.«

Unser Korporal ist ein Maurer, untertänig wie ein Neger, wenn es ihn ankommt, und dann wieder, wenn die Laune dreht, gibt er überhaupt keine Antwort. Er brüllt eigentlich nicht; er widerspricht nur, wo er kann, und wenn ein Offizier auftaucht, beruft er sich mit Vorliebe auf Dinge, die er eben gesagt haben will und noch nie gesagt hat. Seine besonderen Lieblinge sind all jene, die er, in Bausch und Bogen, als Studenten betrachtet.

Ich staune nur über meine rücksichtslos offene Freude,

als es eines Tages heisst, der Mann müsse ins Krankenhaus, wahrscheinlich für lange –

Unser neuer Korporal, ein junger Malermeister, ist allerdings sehr andrer Art. Der arbeitet eher zuviel, befiehlt zu ungern. In den Pausen, wenn wir so in die nächsten Büsche verschwinden, entdecken wir ihn, ebenfalls abgewandt von den Blicken der Welt, mit einer kleinen schwarzen Bibel in der Hand.

Vorläufig tragen noch alle ihre Freizeit in die Wirtschaften. Da ist ein blutjunges Ding, nicht allzu hübsch, aber ein bäurisch natürliches und lebhaftes Wesen, dazu voll Neugier für die andere Sprache. Hür? fragt sie; was das bedeute, und wir raten umsonst. Hür oder Hur? sagt sie, und je mehr wir ausweichen, um so dringender möchte sie es wissen. Sie weiss schon dies und das, hat eine kindliche Freude an den deutschen Worten. Auch die kleine Mutter, die dabei sitzt und strickt, wisse nicht, was das heisse. Gestern haben es die Soldaten gesagt, versichert sie ...

Das Erwachen, eine Stunde früher oder später – jedesmal sitzt man da, dumpf wie ein Tier, und glotzt durch den zerrissenen Schlaf in die bekannten, im Grunde so fremden Gesichter. Meint man doch immer wieder, man hätte alles nur geträumt.

Es geht los! sagen sie: Es geht los! ...

Man packt, man schnallt seine Decke auf, alles im Halbschlaf, man nimmt das Gewehr, man gäbe sein Leben im Halbschlaf. Und dann trotten wir schon zwischen den nächtlichen Weinbergen, zwischen den mondblassen Mäuerchen hinunter zu den Wagen, deren Motoren schon laufen. Mit

Helm, mit Gewehr, mit Brotsack und Gasmaske sitzen wir da und schlottern. Es ist ein Uhr nachts. Also Alarm.

Es geht los! sagt einer wieder …

Keine Antwort.

Nur die Befehle tönen hin und her; die Hilfsfahrer winken mit den Taschenlampen und springen auf, und dann, wenn man durch einen Ruck aufs neue erwacht, rattern wir schon durch das enge Dorf –

Aber nicht gegen den Gotthard hinauf, und wo es sonst hingeht, wer kann es wissen? Immer wieder hört alle Welt einfach auf, der Mond und der Krieg, und es nickt der Helm vornüber, bis er ans Gewehr schlägt, das man zwischen frierenden Fäusten hält. Wenn man bloss fände, wovon man eben geträumt hat? …

Zwischen unbekannten Häusern halten wir eine Weile; das ganze Dorf liegt im tiefen Schlaf. Unsere Kolonnen müssen grösseren Abstand nehmen. Von einem nahen Fenster, das aufgegangen ist, winkt eine junge Frau, eine schwarze Tessinerin, keine sehr schöne.

Mit einem Ruck, dass wir fast von der Lafette purzeln, geht es weiter, und dann sind wir da, ein schmaler Feldweg, und alle müssen an die Seile: Eins – zwo! tönt es überall in der Nacht: Eins – zwo, eins – zwo! … Man ist nicht der erste, nicht der letzte, der über den Stacheldraht stolpert und sich das warme Blut von der Hand leckt. Sobald die Geschütze auf den Böcken stehen, nehmen wir unsere Seitenmesser und holzen zusammen, was wir zur Tarnung brauchen, und dann, als auch dies getan ist, melden wir uns – noch vor dem Morgengrauen – schussbereit.

Später, bis das Frühstück nachkommt, liegen wir selber unter der Tarnung, und Sumpfmücken besuchen unseren traumlosen Schlummer, bis wir Gesicht und Hände verstochen haben.

Endlich krähen die Hähne.

Zur Stunde, wo uns zu Hause der Wecker erschrecken würde, verlassen wir bereits die Stellung wieder. Mit Sang und Klang. Es fallen die ersten Strahlen über das weite und flache Tal, so plötzlich und herrlich – wie ein Bündel gläserner Speere.

Alle Gerüchte, wir kämen in den Jura, scheinen vergessen. Allenthalben mehren sich die Zeichen häuslichen Niederlassens. Unser Hauptmann befiehlt, dass Bänke gezimmert werden, damit wir zum Essen nicht immer nur an die Bäume lehnen müssen. Ein Tischler hat sogar klappbare Halter für die Zeitungen gemacht, wie in einer besseren Wirtschaft, und dann haben wir auch bereits den Weg in eine verborgene Küche gefunden. Nebenan, in der eigentlichen Wirtsstube, geht es manchmal wie in Wallensteins Lager zu, und den beiden hageren Tessinerinnen, die den ganzen Abend hin und her laufen, scheint es nicht ganz geheuer, dass die frechen Eindringlinge, einmal in der Küche, so auffallend zahm und gediegen sind.

Haben wir eine heimliche Absicht?

Ich glaube fast. Man muss sich beizeiten einnisten, wenn man dereinst an einem warmen Kamin sitzen will, einen Glühwein über dem Feuer, einen Käse am eisernen Spiess …

Noch immer schwanken übrigens die Gemüter, und es sind sogar die gleichen, die eben noch von drei oder fünf Jahren reden, dann wieder überzeugt sind, dass wir nächste Woche schon heimfahren. Nur einer ist da, der sich offenbar nichts mehr vormacht: er las die neueste Zeitung, dann ging er zum Haarschneider hinüber, ganz wortlos, eben kommt er mit einem kahlen, vollkommen geschorenen Schädel zurück.

Fünf Millionen kostet täglich unsere Armee. Und eine Million kosten täglich unsere Krüppel und Schwachsinnigen! ...

Wir sitzen in der Wiese, und der junge Arzt, der uns über die Geschlechtskrankheiten unterrichtet, ein lebhafter Tessiner, bringt alles sehr deutlich, sehr unverfroren, was vielleicht das Beste ist; die Witze besorgt er gerade selber, nimmt sie auf diese Weise seinen Zuhörern vorweg und lässt ihnen nur den peinlich nüchternen Ernst.

Ich bin, einen Brief in der Tasche, einen Sack voll Trauben in der Hand, noch eine halbe Stunde vors Dorf gebummelt. Hier fehlt es nicht an Mäuerchen, wo man sich setzen oder platterdings auf den Rücken legen kann. Und wieder zirpen die Grillen. Wie damals am ersten Abend. Man glaubt es einfach nicht, dass es noch keine Woche ist. Jede Nacht hören wir dieses spröde Schwirren, dieses Zirpen draussen über den Feldern oder Sümpfen, wo die milchmatten Herbstnebel schwimmen, und dann starren die Sterne, droben im klaren Raum, lautlos und gläsern über einer leidenschaftlich lärmenden Natur.

Er hat schon viel für sich, dieser Zustand, wo alles ausfällt, was nicht in den Tornister geht, was man nicht stündlich auf den eigenen Rücken laden kann. So vieles bleibt zurück, was man eben noch sehr wichtig nahm, und eins wird man ja immer und überall haben, wie es auch kommt: das unverlierbare Gedächtnis an den Menschen, dem man zugetan ist, und der Glaube, dass es auch äusserlich weitergehen wird, wenn man nur innerlich in Ordnung wäre, der Glaube, dass das menschliche Herz immer und überall, auch jetzt, wirklicher ist als das sogenannt grosse Geschehen, das vielleicht auch uns, wer weiss, wie ein grauer Scheme erfasst, zermalmt oder läutert – oder auch nur verbraucht, einfach am Rande der grossen Heeresstrassen liegen lässt.

Sobald wir die Arbeit an den Geschützen wieder beherrschen, werden wir nun auch, Mann für Mann, am leichten Maschinengewehr geschult. Es hilft nichts; es gibt einfach eine Freude an der Waffe, die auch den lauten Kriegsverächter überkommt. Das ist schon fabelhaft! sagen sie, indem sie wieder von der Erde aufstehen. Sofern man das von einer Waffe sagen kann! fügen sie nachträglich hinzu.

Auch in die kleine Kanone, die unsere Armee zur Tankabwehr hat, sind wir förmlich verliebt. Wie eine rasende Feuerwehr fahren sie gelegentlich durch unser Dorf. Es ist das Kind im Manne, ich weiss nicht, oder der Krieger im Mann. Oder auch nur der Handwerker, der sich über eine Schwingachse begeistern kann. Oder alles zusammen. Und auch hier am leichten Maschinengewehr, als wir den Laufwechsel üben und schauen, wie lange jeder braucht, spürt man unversehens einen Eifer und Ehrgeiz, als wären wir die kampfgierigsten Kerle, die zur Zeit unter den Waffen stehen!

Wir üben noch in die Pause hinein.

– – – –

Nachher übrigens, beim Taktschritt, rief mich der Hauptmann, der den meisten von uns noch fremd ist, der uns aber, als er uns neulich versammelte und mit ein paar männlich-kameradschaftlichen Worten begrüsste, einen vorzüglichen Eindruck machte.

Leider scheint es also nicht gegenseitig! ... Man sei der misslichste Soldat auf dem ganzen Platz, heisst es nun. Nicht das Können, sondern das Wollen, sondern die Auffassung. Und so weiter. Auch ihn drückten die schweren Schuhe, aber es gehe jetzt um andere Dinge, um ernstere Dinge –

Ich fragte, ob ich antworten dürfte.

Nein.

Für Leute meiner Sorte, fügte er nur noch hinzu, gäbe es im Ernstfall ganz besondere Posten!

Dann gab er Ruhen.

Am Abend dann, beim Abtreten, wird man nochmals gerufen, und jetzt, unter vier Augen, könne man antworten.

Aber was eigentlich?

Man könnte ja zugeben – in Achtungstellung –, dass man sich in der Tat eines Fehlers bewusst ist. Warum hätten dich diese Worte sonst getroffen? Es ist keine Zeit mehr zum Träumen, und es ist ein Fehler, der uns das Leben kosten kann. Ich weiss. Und noch mehr als das Leben. Ich weiss. Ich hatte gerade wieder daran gedacht. Und wie es dann zum Beispiel kommen kann, dass man mit fünfundzwanzig Jahren nochmals in die Schulbank zurückkehrt, um den Vater nachzuholen. Endlich beginnt man mit einem wirklichen, einem weltgerechten Beruf und bringt es just so weit, dass man eines schönen Morgens, draussen im Walde, die ersten schlanken Stützen holt –

Sollte ich davon erzählen?

Abends auf der Wache stinkt einer nach Schnaps, dass man ihn riecht, bevor man ihn sieht. Natürlich werde er seinen Posten stehen! sagt er. Und alles um so lauter, je mehr wir ihn zur Ruhe bringen wollen. Da solle nur einer kommen!

sagt er: riegeln und Schuss. Und wenn es ein Oberst sei. Er sei nicht als Spielzeug da, oder man solle ihn wieder heimlassen, aber sofort … Riegeln und Schuss! sagt er: riegeln und Schuss!

Es muss ein andrer für ihn stehen.

(Auch wenn er darüber sehr beleidigt ist …)

Immer wieder, dass einer platzt. Mir nichts, dir nichts. Alles ist Schwindel und Humbug. Alles nur ersonnen gegen seine werte Person, ersonnen von einer namenlosen Gesellschaft fabelhafter Schurken.

»Oder will einer das Gegenteil behaupten?«

Nur das nicht.

»Also!« sagt er, raucht weiter.

Antworten und sachliches Erörtern, das wirkt wie Wasser auf eine Brandbombe; es spritzt nach allen Seiten. Nur das nicht. Schweigen ist Sand. Und nach einer Weile, heisst es ja, könne man jede Brandbombe mit der simpelsten Schaufel entfernen.

Gestern, am Samstag, gingen wir baden. Draussen am Fluss. Es geht gerade noch mit der Kälte. Sobald ein erster voranging, wagten auch wir es und schwammen in raschen, reissenden Wellen. Etliche von uns hatten allerdings ihre liebe Not, wieder ans Ufer zu kommen, bevor uns ein Krampf befiel. Aber herrlich war es doch. Und wohl zum letztenmal in diesem Jahr. Nachher schätzt man die Sonne, und fast zwei Stunden noch durften wir uns auf den Sandbänken draussen tummeln. Die meisten waren als Adam erschienen, da der Postsack noch nicht eingetroffen ist; es war schon gut, dass uns nur die Vögel sahen.

– – – –

Heute, am Sonntag, sind wir von elf Uhr an frei, dürfen aber nicht über unsere drei Dörfer hinaus.

Wir schreiben Briefe –

Wir spielen ein Boccia –

Wir sitzen wieder am Fluss draussen.

Wir sitzen noch einmal da und schlürfen die Augenblicke, jeden für sich, wie man die Trauben geniesst, Beere um Beere, und es scheint eine Wärme, die noch voll sommerlicher Erinnerung ist und uns fast schwitzen lässt. Nur dass die Strahlen nicht mehr stechen. Es ist, als hätten sie die vordersten Spitzen gebrochen. Nun sind sie weich und schmelzend. Sie zerfliessen auf unsrer Stirn und unsern Augenlidern, und es ist nur noch eine goldene Milde. Und überall sieht man nun das, was die Gegenwart ins Berauschende steigert, den Zauber des letzten Males.

Wozu ein Buch lesen?

Wozu wieder jassen?

Man hat die Hand über eine dürre Wurzel gelegt, ganz zufällig: auf der oberen Haut brütet schon seit einer Weile die stille Sonne, eine süsse, kleine, glühende, grenzenlose Wollust, und gerade darunter, im Innern der hängenden Hand, fühlt man zugleich den Schatten, die Feuchte, die Kühle, den Tod …

Das ist der Herbst.

Wer denkt nicht manchmal: so müsste man sein ganzes Dasein erleben können, wie diesen Tag, als ein grosses, ein einziges, ein dauerndes Abschiednehmen … wandern und nicht verweilen, wandern von Stadt zu Stadt, von Ziel zu Ziel, von Mensch zu Mensch, immerfort wandern und weitergehen, auch da, wo man liebt und gerne bliebe, auch da, wo das Herz bricht, wenn man weitergeht … und auf keine

Zukunft sich vertrösten, ganz und gar die Gegenwart empfinden, als ein immer Vergängliches ... und so ein ganzes Dasein lang ... und alles nur erobern, um es zu verlieren, und immer weitergehen, von Abschied zu Abschied ...

O, wer diese Spannkraft der Seele hätte!

Manchmal meint man ja fast, man könnte es, an einem solchen Tage könnte man es, und vielleicht ist es das, warum uns der Herbst von allen Jahreszeiten immer wieder am tiefsten betrifft.

Der Frühling ist Werden, nichts als Werden –

Und der Sommer ist Zustand: man liegt unter einem grünen Baum, zieht einen Halm durch den Mund und hört das Zirpen in den Gräsern, sieht das Zittern in der heissen Bläue und die stillen Wolken, die weiss und prall über dem Lande hängen, wie aus Gips, und man fragt nicht, was war, und nicht, was sein wird. Der Sommer, er hat keine Zeit. Der Sommer ist fraglos, wie Liebesglück, er ist die Fülle, die in sich selber ruht, die einfach da ist, als könne alles nicht anders sein, als wäre es ewig –

Wie anders eben der Herbst!

Siehe die Luft, wie sie voll Gold ist, und man kann sich nicht sattsehen, und wenn ein Lüftlein geht, bringt es eine kleine Kühle, die plötzlich ein wenig kühler ist, als man erwartet hat, und es ist wie ein leises Erschrecken: alles ist Übergang, Bewegung und Zeit, Reifen und Welken, alles ist Abschied.

Ich liebe den Herbst, weil er den Grundklang unsres Daseins dichtet wie keine andere Zeit.

Wir sitzen noch einmal da und schlürfen die Augenblicke, und es ist wie der Hauch, der jetzt über Feldern und Wäldern ist, der die brennenden Farben so traumhaft versöhnt, der alle Welt aus ihrer sturen Schwere nimmt und nur noch als ein flüchtiges Leuchten zeigt, ein schwebendes Glühen, hingehaucht auf einen bläulichen Hintergrund, den wir nur ahnen, auf ein dunkles und kühles Nichts vielleicht. Und man fragt nicht mehr, ob es Wonne oder Wehmut sei. Es ist das Leben, und das ist genug. Es ist der Augenblick, und das ist genug. Es ist nur, immer wieder, die Offenbarung durch den Abschied.

Ein Schreiben an die Eidgenossenschaft, das dieser Tage fällig wurde, machte mir eben die grössten Wehen; das gute Geld, es ging schon durch soviele Finger, und wo bleibt nun die druckreife Arbeit, die man auf diesen Herbst so grossartig versprochen hat, wie ein Bauer, der seines Zwetschgenbaumes gewiss ist?

Ich wollte schreiben:

»Infolge der Zeit ...«

Heute nun, beim sonntäglichen Morgenverlesen, rief mich abermals der Hauptmann. Was mochte es sein? Ein Knopf nicht geschlossen, eine Schnalle nicht in der Mitte, ein Riemen verdreht? Oder mein Brotsack auf der falschen Seite? Mir ahnte nichts Gutes. – Er liess mich ruhen. – Es handle sich um ein Tagebuch, das geschrieben werden sollte, so ein Tagebuch unseres Grenzdienstes. Jeden Tag, während der Geschützschule, stehe eine Stunde zur Verfügung, auch eine feldgraue Schreibmaschine sei da.

Infolge der Zeit? ...

Versprechen und Pflicht, so scheint es, sie gleichen wirklich unserem Schatten, der uns bei jeder Laterne, wo wir vorbeikommen, immer wieder einholt.

Nach und nach gewöhnt man sich auch an eine Gasmaske. Als wärs ein Stück von mir. Ausserhalb des Dorfes, in einem alten Schopf, konnten wir uns gestern überzeugen: gruppenweise standen wir in dem vergasten Raum, wohl etliche Minuten lang, als ob nichts wäre. Es kam uns wie ein Jux vor. Erst wenn man mit dem Finger eine kleine Stelle öffnet, merkt man plötzlich, was in der Luft ist – alle reiben sich die Augen, und es weint der stärkste Mann.

Zum erstenmal hat nun das gute Wetter, das die tessinische Gebirgsbrigade allen anderen voraus hatte, auch uns verlassen. Heute, als wir nach einem zischenden Regen die mürrische Wache ablösen, stehen unsere Wagen und Geschütze mitten in braunen Teichen, als hätte unsere Küche ihren restlichen Milchkaffee vergossen. Alles glänzt und trieft. Aus dem glanzschwarzen Geäst trommelt es noch lange auf das faulige Laub, das nun den Boden allenthalben überklebt. In allen Tümpeln sieht man die tanzenden Spritzer, wie hüpfende Silberflöhe, und etliche Erlen, gestern noch ein Zauber flimmernden Goldes, sind bereits entlaubt, jeder Windstoss entfesselt einen neuen Blätterwirbel, ein neues Rauschen und Prasseln der Tropfen.

Zum erstenmal glauben wir an den Winter, ganz und gar, ohne zugleich an einen Frühling zu glauben …

Alle Berge ringsum sind im Nebel.

Ein Motorfahrer, der in seinem trockenen Wagen lehnt und den wir gelegentlich, in unserem Hin und Her, nach der Zeit fragen, zeigt uns seine ganze Brieftasche. Ohne begreiflichen Anlass. Bilder von seiner eigenen Person: ein Herr, wie er lächelnd in der Wiese steht, ein gemachter Herr, wie man sagt, ein Herr mit weissen Schuhen und einer unwahrscheinlichen Krawatte. Dann auch Bilder von einem glänzenden Wagen, wo er am Steuer sitzt, wie ein Filmheld erster Ordnung. Auch Bilder von seiner Frau, auf einer Waldbank, etwas dick, etwas öde, wie es so an Sonntagen ist, mit einem schrägen Kopf und mit einem leeren Lächeln, und zum Schluss, gleichsam als Krönung, zeigt er die Aufnahme von den männlichen und weiblichen Geschlechtsteilen –

»Ein schöner Schweinehund!« meint mein Kamerad.

Wir patrouillieren weiter.

Früher, kein Zweifel, hätte es mich ordentlich umgeworfen, vielleicht noch vor kurzem: weil man die Welt nur als Wohlklang wollte, nur als Wohlklang bejahte.

General Guisan, dessen Bild seit einigen Tagen an unserem Anschlagbrett hängt, hat gestern den Befehl erlassen, dass sämtliche Wehrmänner für anderthalb Tage beurlaubt werden, damit jeder, was es dann sein mag, all seine Sachen nochmals ordnen kann.

– – – –

Wir haben inzwischen mit dem ersten Ausbau einer kriegsmässigen Stellung begonnen. Unsere Geschütze sollen gänzlich eingegraben werden. Auf einem Lastwagen, wie gepferchtes Vieh, verlassen uns nun täglich die Urlauber: mit gellendem Gesang fahren sie ins Tal hinunter …

Wir schaufeln weiter.

Am Mittag, wenn die dampfende Küche heraufkommt und mit ihr auch der Pöstler, hocken wir drunten am Strassenrand, wie es eben kommt, zwischen Kuhdreck oder Pferdemist, den Löffel in der rechten Hand, in der linken einen Brief – bis die Suppe immer lauer, schliesslich ganz kallig ist.

»Vom Schatz?« meint einer: »Untreu?«

Habe ich ein solches Gesicht gemacht? ...

»Meiner Frau geht es sicher gut«, sagt ein andrer: »die schreibt kein Wort mehr, seit der Hilfsdienst in unserem Dorf ist!«

Und so weiter ...

Wie Gefallene, wie Erschlagene liegen wir nachher in den Matten umher, die Hände unter dem Nacken, eine Zigarette im Mund oder eine vorgestrige Zeitung vor dem Gesicht. Und wo einer schläft, legen sie ihm eine grüne Kastanie neben die Wange, so einen stacheligen Igel, dass er aufschnellt, wenn er sich dreht. Natürlich ist es niemand gewesen, immer nur der Zufall. Andere, die vor einer halben Stunde zum nahen Bächlein wollten, stehen noch immer mit der ungespülten Gamelle in den Händen: sicher geht es wieder um Hitler, um Macht oder Recht, um Zukunft oder Niedergang des Abendlandes, und auch vom Russen ist viel die Rede, so, dass sie gelegentlich sogar mit den Gamellen reden.

Wie schemenhaft bleibt mir alle Geschichte!

Hier, über dem stillen, scheinbar menschenleeren Tal, hängt gerade wieder ein solches Drahtseil, woran sie die Holzbündel herunterlassen, oft in einem erstaunlichen Schuss, und gelegentlich kommt es allerdings vor, dass eines in der Schwebe hängen bleibt, ganz hoch und einsam über dem Tal, bis sie es mit einem nachfolgenden wieder befreien wollen; einmal, als ich gerade schaue, stürzen beide ins Tal hinunter, vollkommen lautlos – und das Seil hängt wieder leer und unsichtbar über der Schlucht.

Um zwei Uhr geht's wieder an die Arbeit.

Da nicht alle in den Löchern stehen und pickeln können, nehmen wir andern die Axt und die Säge, kraxeln in die

Hänge hinauf und machen uns ans Holzen. Es singen die Stämme unter den dumpfen Hieben, es ächzt und kracht, dass es eine Wollust ist, und etwa jede Stunde schlitteln wir die rauschenden Bäume, wie bezwungene Drachen, über die steilen Matten hinunter.

Leider heisst es später auf einmal, die Stellung würde nicht in diesem Umfang ausgebaut; Laufgraben und Unterstand kämen nicht in Frage. – Wir hatten unseren Grundriss, da wir keinen Bleistift hatten, mit der Stechschaufel in den Boden gestochen, und nun müssen wir alles wieder zudecken. Mit den berühmten Grasziegeln. Gross ist die Enttäuschung. War es doch immerhin eine Aufgabe, ein Ziel auf längere Sicht, und die Arbeit, sobald sie mit den Werkzeugen des Friedens verbunden blieb und mindestens die Täuschung einer produktiven Anstrengung gewährte, machte allgemeine Freude, ging wacker voran, und wir hatten noch nie einen besseren Geist.

Jetzt wird schon wieder geflucht.

In Zürich, während des Urlaubes, regnete es fast die ganze Zeit. Sechsunddreissig Stunden lang. Und jetzt ist man schon wieder hier! …

Ob es schön gewesen sei?

Man will uns die Wohnung künden, und man verbraucht einen halben Tag, weil die Leute, die zu Hause sitzen und ihrem Geschäft nachgehen, sich gegen den Lärm eines Kindes empören, das von einer Grenzstadt übersiedeln musste; sie ertrügen das einfach nicht, sagen sie, es ginge über das Mass –

Und sonst?

Im Tram, das ohne Anhänger fährt, regen sich die Leute

auf, weil es Gedränge gibt, weil man sich mit nassen Mänteln berührt ... Dann besuchte ich einen Freund, der nicht zu Hause war. Er konnte es ja nicht wissen. Man trinkt trotzdem einen Kaffee, staunt über die sauberen Tassen und darüber, wie alle von den grossen Dingen reden, von Staaten und Schlachten und Völkern, von Erdteilen und Geschichte, – während für uns alle Fragen viel näher sind, darum auch kleiner, Fragen aber, wo man um so zuständiger, um so verantwortlicher ist.

Ich glaube, wir haben es besser.

Eine Weile steht man auch vor seiner eignen Schublade, sozusagen mit den Händen auf dem Rücken, denn es lohnt sich nicht mehr, die Dinge anzurühren, die uns eben noch über alles gingen, Dinge, die man wohl, was auch kommen mag und wie immer man auch zurückkehrt, nie wieder aufnehmen wird. Es gibt ja, im Grunde, niemals eine Rückkehr ...

Dass man es doch endlich begriffe!

– – – –

Am Bahnhof.

Sie, die Klare, die Tapfere, die Wissende, warum hat sie plötzlich geweint? Aus allen Fenstern johlen sie, als der Zug fährt, und es dröhnt in den Hallen.

– – – –

Jetzt, wie gesagt, sind wir schon wieder hier. Auf der Wache, wo wir uns zurückmelden mussten, waren sie eben dabei, eine ergötzliche Aufnahme zu machen: sie halten zwei blanke Bajonette auf die Brust eines Halbnackten, dessen verzerrte Miene – er steht an der Wand, an der berühmten, ein rostiges Waschbecken als Helm – ein schallendes Gelächter erzielt.

Russland sei ebenfalls in den Krieg getreten, heisst es, ebenfalls gegen Polen, dessen Grenzen es heute morgen überschritten habe.

Hier, in unserem Dorf, herrscht wieder der friedlichste Sonntag; die Sonne silbert in den Erlen, und das Laub wird immer goldener, immer schüttrer. Von den Kameraden ist niemand da. Nur die Einheimischen spielen wieder ihr Boccia, hier unter dem flimmernden Halbschatten eines herbstlichen Weinlaubes.

Ja, was nachher einmal sein wird?

So ganz und gar ist alles voll Gegenwart, im Grossen wie im Kleinen, so ganz und gar ohne Zukunft. Familien ohne Löhne oder Löhne ohne getane Arbeit. Wehrmänner und andere, die daheim geblieben sind, sie werden sich gegenüber stehen, und grosse Taten müssen geschehen, damit sich keinerlei Risse auftun. Viele aber, nicht nur die Schlechtesten, werden überhaupt nicht zurückkehren wollen; sie fragen sich, je länger es geht, mehr und mehr nach dem Sinn dieser Zeiten, wollen in eine erneuerte Welt, und wer wird sie bieten? Es kommt, sobald wir unser Feldgrau einmal wieder ausziehen, die Stunde des allgemeinen Suchens und Fragens. Alle Irrwege stehen uns wieder offen. Einzelne kommen wohl weiter zu sich, als es ihnen ohne das gemeinsame Ereignis je gelungen wäre, die seelischen Kriegsgewinnler sozusagen, vielleicht die letzte Rechtfertigung eines Krieges überhaupt. In der Masse aber, die das Suchen nie lange erträgt, wird einmal mehr eine unendliche Nachfrage nach Sündenböcken sein, und aus dem Hasse schiessen die neuen Lehren, die noch keiner errät, wie Pilze aus dem fauligen Boden.

Unser Dienst geht weiter. Rechtsum und linksum. Laden und entladen. Und dann wieder: rechtsum und linksum –

Am Fluss, wo wir stehen, sieht man die Fische unter dem ziehenden Wasser, wie unter einem grünen Glas. Wenn wir an den Geschützen sitzen, richten und drehen und nicht aufschauen dürfen, schaukeln die Blätter zu uns hernieder, gelb und rot, auch schon violett, Fetzen eines unsäglich heiteren Leuchtens.

Gewiss: es gibt andere, die zur gleichen Stunde gegen ein Maschinengewehr anrennen, gegen eine Reihe von Tanks, die über ihre Gräben hereinbrechen, und solche, die in den Drahtverhauen hängen, die neben den Einschlägen liegen, das Gesicht in den Dreck gepresst, wartend, ob es auch sie zerfetzt oder nicht –

Man denkt: nur keine Ausflucht ins Schöne.

Was aber nützt es all jenen, wenn wir dasitzen, den Himmel und den Feldweibel in die Hölle fluchen – nur weil unsere Suppe nicht mehr heiss ist?

Wir denken noch oft an die Landesausstellung. Natürlich besonders nach unserem Urlaub. Sie kam wohl zur äussersten, zur besten Zeit. Wie begeisterte sie uns, unter viel anderem, für den Grundzug schweizerischer Eidgenossenschaft, für diese freie Bruderschaft verschiedener Sprachen! …

Hier allerdings, in unserem Tessinerdorf, kann man mit knapper Not noch ein Bier bestellen, eine Handvoll Trauben kaufen oder fragen, wo die nächste Latrine sei. Schon vor einem kleinen Lümmel, der unseren Helm anzieht und jugendlich-harmlos den Soldaten bewundert, stehen wir hilflos. Man lacht, streicht dem Bengel durchs Haar; der Rest ist Achselzucken, freundeidgenössisches Achselzucken.

Neuerdings sitzen wir nun an einer Bahnböschung, wie in einem getreppten Hörsaal, und haben Italienisch. Grundformen eines Zeitwortes, was soll das sein? Wie ein ungeschirrter Gaul sind unsere Leute, und der junge, etwas blasse, etwas schmächtige, etwas nervöse und sehr akademische Doktor hat ordentlich Mühe, ein planvolles Vorgehen durchzusetzen, das viele schon zu wissenschaftlich dünken will. Wie führe ich ein Liebesgespräch, ein erfolgreiches, das ist die Frage. Und alle Methode, das heisst, alle Vereinfachung auf das Grundsätzliche und immer Wiederkehrende, sie empfinden es mehr als Umweg, wenn nicht sogar als Schikane, womit man das Volk an der Nase herumführt.

Sein und Haben, sagt der schmächtige Lehrer, das sei für heute genug. Sein und Haben, essere und avere – was will der Mensch denn mehr?

Dann geht es wieder an die Gewehre –

Der junge Lehrer ist übrigens der gleiche, der am ersten Abend im frischen Stroh sass, den Kopf schüttelte und meinte, wenn ihn seine Schüler in diesem Stroh sähen, alle Autorität wäre zum Teufel!

»Du musst noch viel lernen«, sagte damals ein junger Schlosser … Wie es scheint, lernt er aber sehr langsam, wie meistens die Lehrer. Er regt sich immer wieder auf, dass er im Dienst sein müsse, während es im Hinterland noch soviel sprachwissenschaftliche Aufgaben gibt, und dass man hier, als Soldat, überhaupt nicht zum Denken komme, überhaupt nicht! …

Vielleicht ist das der Segen:

Es kommt, endlich einmal, die Zeit der unbewachten Seele, und kein Zweifel, manche Dämme wird sie durchbrechen, viel Gärten verwüsten und zugleich mit Schlamm befruchten. Und niemand wird es aufhalten. Auch jene nicht, die zu Hause sind und zum Denken kommen; sie können nicht denken, was vorgeht in uns, so wenig wie wir.

Aber etwas geht vor.

Manchmal, zum Beispiel in einer Pause, geschieht folgendes: man stützt seine Ellbogen auf die Knie, blickt auf einen nahen Käfer, der leidenschaftlich hin und her irrt, und es macht sich ganz zufällig, das mit den Händen, ohne Absicht, ohne Wissen, einfach so ... Man hat die Hände gefaltet. Man döst vor sich hin, plötzlich ist nur noch dieser kleine Druck da, ein Druck in den beiden Händen, die sich verflochten haben, ein leichter, durchaus nicht krampfhafter Druck, ein Druck, der sich mehr und mehr unsrer Willkür entzieht. Ein Gefühl, dass man geschlossen sei, ein Ring, ein Kreislauf. Und eine plötzliche Ruhe, als sei man auch als seelisches Wesen geschlossen, ein Ganzes, ein Rundes ...

Ganz seltsam kommt das.

Jetzt, plötzlich, dünkt man sich sehr gross, gleichsam so, dass man über seine Raumverdrängung nicht wenig staunt und verblüfft ist, wie hoch eigentlich ein Mensch auf den Erdboden hinabschauen kann, und dann wieder sehr klein, im Verhältnis zur Umwelt geradezu lächerlich, geradezu zwerghaft. Überhaupt scheint aller Massstab verloren, als löse sich jedes Verhältnis zur Umwelt, zur sogenannten Wirklichkeit, dermassen, dass sie uns auch nicht mehr stören, nicht mehr erschrecken oder auch nur ablenken kann, ja, man kommt sich augenblicklang vor, wie man sich das innere Gesicht eines Steines vorstellt, ein umgrenztes, ein ruhendes, ein volles und festes, ganz und gar vorhandenes

Dasein. Und man spürt seine eigne Gegenwart, seine Seele, die in den Leib gekommen ist – als fasse man sich selber!

Es ist eine Ruhe, die alles Äussere aufnimmt, alles, jeden Pfiff, jeden Schuss, der über das Tal hallt, jedes Rauschen in den Erlen, jedes Glitzern auf dem Fluss, jedes Tuscheln im gefallenen Laub – so unheimlich wach, hell, klar – und doch ohne schreckhaftes Verfallen. Man spürt so sicher, wie man aufnimmt und sich wandelt, mit jedem Atemzug wandelt, immerzu wandelt – ohne dass man im Grunde sich jemals verlieren kann.

Das ist das Wunderbare.

Zum Schluss sind deine Hände jedesmal ganz fern, ganz klein, ganz schwer und hart, als könnte man sie nimmer heranholen, in aller Ewigkeit nicht. Und man weiss überhaupt nicht, wie lange alles gegangen ist, eine Viertelstunde, eine Sekunde. Nicht das geringste Gefühl für die Zeit, die äussere, so wenig wie in den Träumen – bis man plötzlich, Gott weiss aus welcher Kraft und Willkür, die beiden Hände auseinander reisst und erwacht.

Und was bleibt? …

Ein fast schmerzhaftes Verebben, eine kleine Leere – du bist müde, du gähnst, du fragst deinen nächsten Kameraden, wie spät es eigentlich sei, und könntest nicht sagen, was du gedacht oder gesehen hast …

Man ist aus dem Kreis eines tieferen Wachseins gefallen, und da gibt es kein Wiederholen, kein Aufhalten, wenn's kommt, und kein Aufhalten, wenn's geht, und man kann nur den Rock wieder anziehen, den Brotsack und die Gasmaske umhängen, eine Zigarette anzünden, wenn es noch Zeit ist, oder zu einer anderen Gruppe treten:

»Habt ihr den neuesten schon gehört?« sagt einer –

Man lacht, man flucht, man redet über die Welt, man spuckt auf den Boden, man nimmt das Gewehr und tritt in zwei Glieder, man tut seine Arbeit – und träumt, man sei wach.

Heute hat sich ein Unglück ereignet. Ein Wagen mit sieben Mann, der eine verbotene Strasse fuhr und mit einem anderen zusammenstiess, wurde vollkommen überschlagen. Auch Telephonkisten waren darauf; sie verursachten, dass unter dem Wagen noch ein gewisser Raum blieb und die Leute nicht gänzlich zerquetscht wurden. Vier liegen nun im Krankenhaus, heisst es; einem habe es den ganzen Kiefer zerschmettert, und ein andrer, ein Telephönler, sei in Lebensgefahr. Als wir den Namen hören, meinen alle, dass sie ihn kennen, so dem Gesicht nach – wir sind nicht wenig verblüfft, als der Gedachte kurz darauf durchs Dorf hinunter kommt, Trauben in der Hand und in der besten Laune …

»Du hast schönes Schwein gehabt!« sagt ihm einer.

»Ich?« staunt er: »Wieso?«

– – – –

Auch der kleine Bühler, der mit seinem Bubengesicht gelegentlich die erschütterndsten Witze lieferte, wird leider unsere Batterie verlassen. Er kommt ins Krankenhaus. Jenseits vom Gotthard. Immer wieder wegen seines Magens, den er sich infolge seiner Arbeit, als Galvaniseur, vergiftet hat. Es sei alles nichts, sagte er mir einmal, aber ein unheilbarer Magen, das wünsche er dem ärgsten Feind nicht! Und jetzt, erzählt er eben, wollen sie ihn also wieder schneiden. Wenn wir in drei Wochen noch keine Karte von ihm hätten, meint er: drei Schuss ins kühle Grab!

Er lacht sehr niedergeschlagen.

Einer bietet ihm Zigaretten an …

Er ist verlobt, noch keine vierundzwanzig Jahre alt, wollte auf Weihnachten heiraten. Noch einmal will er Mut haben, den ihm alle zureden, und sich unters Messer legen. Aber wenn es dann nicht bessere –

Als die Trompete ertönt, versprechen wir ihm, dass wir ihm den Platz hinter dem Ofen freihalten würden. Ein armer Teufel! sagen alle, wir werden ihm einmal eine Karte schreiben …

Dann rollen wir uns in die warmen Decken.

Am Morgen, als wir schon auf den Geschützwagen sitzen, zur Ausfahrt bereit, ruft mich ein andrer Befehl, und es reicht gerade noch, ein Sprung vom fahrenden Wagen – natürlich auf alle Viere! Dann werfen sie mir auch Helm und Aff noch hinunter, wie Ballast von einem sinkenden Schiff.

Mit unserem Landsturmoberleutnant, dem Bildhauer, und einem ebenfalls älteren Korporal, der Inhaber eines grösseren Steinbruches ist, geht es im weicheren Personenwagen zur ersten Stellung hinauf. Bis übermorgen sei der Entwurf für einen bombensicheren Unterstand auszuarbeiten, samt der Kostenberechnung. Wir vermessen dazu das Gelände, das sich vorzüglich eignet, und schon auf Mittag eröffnen wir unsere Zeichenwerkstatt in einer geräumten Küche. Die Kellen an der verrussten Wand, die stören uns nicht, und das fliessende Wasser ist sogar willkommen. Auch Rauchen wäre gestattet, wenn man die Pfeife zur Stelle hätte, und da ich nicht einmal eine Uhr besitze, legt mir der Korporal die seine auf den Tisch.

»Also bis morgen Abend«, heisst es.

Dann lässt man mich allein; ich ziehe den Waffenrock aus, spanne das saubere Papier und spitze wieder einmal den Bleistift. Wie vor drei Wochen an der ersten Stelle. Natürlich fühlt man sich wie ein Fisch, den man ins Wasser zurückwirft – wenn es auch nur das Wasser in einer Fischerbüchse ist!

»– lustig muß die Herberg sein,
Denn die Trommel spricht den Segen,
Und der Wirt schenkt Roten ein.«

Und was für Roten!

Ein Taubenhaus mit leichtem Strohdach und nun ein bombensichrer Unterstand, diesmal mit einem Dach aus Eisenbahnschienen und Beton, dies also wären die beiden ersten baulichen Aufträge.

Dieser Tage bekamen wir übrigens einen Radio, ganz plötzlich. Von einem unbekannten Spender. Und es fragt ihm auch niemand nach, diesem Spender. Alles Erfreuliche ist für unsere Leute so selbstverständlich, nicht der Rede wert.

»Ich habe genau den gleichen daheim«, sagt einer, indem er davor kauert und an den Schrauben dreht: »Es fiele mir nicht im Traum ein, so einen Apparat aus der Hand zu geben.«

Ehrlich ist der Soldat!

Und nun tönt es also ohne Unterlass, ohne Ende: ein Wienerwalzer, ein französischer Staatsmann, ein silbriges Geläute von dörflichen Glocken, dann wieder ein Krachen, ein Heulen und Ächzen, ein Knattern wie von Maschinengewehren. Aber es sind nur Gewitter, sagen sie, Spannungen in der Atmosphäre. Es folgt eine italienische Arie, sehr klar, sehr hell, ein Pausenzeichen und dann eine deutsche Stimme, die von der englischen Tücke und Hinterlist berichtet, eine Sonate von Beethoven – und wie all dies plötzlich ertönt in diesem kahlen Treppenvorraum eines Schulhauses, hier, wo zugleich unser Schuster sitzt und unentwegt unsere Bergschuhe nagelt, unentwegt seine eigene Arbeit lobt …

Oben, im Schlag, spielen sie Handorgel.

Ja, es geht oft sehr hoch her, und dann kommen auch noch jene, die im Dorf gewesen sind, und singen. Meistens einen Grad übermütiger, als sie wirklich sind. Sie singen und tanzen als männliche Paare, bis sie endlich die Flüche begreifen, die sie überall empfangen: Es ist die Zeit der Nachrichten – im Halbkreis stehen wir um die unpersönliche, immer gleichtönende, immer wohltönende Stimme herum, unsere Hände am Ledergürtel, den Stumpen oder die erloschene Pfeife im Mund, und die Meinung, die sich jeder freie Bürger von den Ereignissen bildet, sie scheint so einhellig, dass sie kaum noch ausgesprochen wird. Nicht einmal durch Mienen. Wortlos, scheinbar ganz gleichgültig löst sich der Kreis, sobald der Sprecher zum üblichen Wetterbericht übergeht oder uns sagen will, wer an diesem Tag, wo die polnische Armee geschlagen ist, in unserem Lande den neunzigsten Geburtstag feiert. Jeder kehrt zu seiner Sache zurück, zum Jass, zur Zeitung, einzelne zu einem Lehrbuch der italienischen Sprache oder zu einem Brief, während andere mit nacktem Oberkörper an das Brünnlein hinausgehen, Waschlappen und Seife in der Hand.

Schon jetzt, nach drei Wochen, wird der Besuch in den Wirtschaften spärlicher. Drei Wochen, das wäre ein Wiederholungskurs.

Heute, wie zu erwarten war, hat auch der Hauptmann einmal unsere Zeichenküche besucht. Unsere Pläne sind fertig, hoffentlich richtig, wenn auch nicht schön. Indessen verlangt es die Zeit, dass man sie dennoch aus der Hand gibt, sich alles Schöneln verbietet. Es sind Grabkammern, wie in den Felsentempeln am Nil, und es läge nur noch am Oberleutnant, dem Bildhauer, dass er einen Ramses dazu lieferte.

Der Hauptmann scheint zufrieden.

Auf jeden Plan, sei es für ein Wohnhaus oder sonst ein Gebäude, gehört nun einmal ein Pfeil. Auch auf unsre Bunkerpläne. Nur dass dieser nicht zeigt, wo die Sonne steht – sondern der Feind.

Haben wir einen Feind?

Und doch erwartet jeden, der sich dazu machen will, schon heute ein Ingrimm und eine Wut, die geschlossener, fragloser nicht sein könnte. In der Wirtschaft zum Beispiel, wenn das arme Tessinermädchen, der Sprachen unkundig, wieder einmal einen falschen Sender einstellt, – sie weiss gar nicht, was in das Völklein gefahren ist: mit den Fäusten trommelt es plötzlich auf allen Tischen, sie kleppern mit den leeren Gamellen, pfeifen durch die Finger, werfen ein altes Brot nach der sprechenden Kiste, eine Handbreite daneben, dass das verdatterte Mädchen nur so auffährt, heulend –

Beromünster! rufen sie, Beromünster!

Dann, sobald der eigene Sender spricht, nimmt alles wieder seinen Gang, kein Wort mehr davon – man schöpft seine Nudeln, sein Fleisch. Auch Salat gibt es dazu. Überhaupt, das Essen ist tadellos; es kommt vor, dass einer mit voller Gamelle stehen bleibt, dich brüderlich am Arm nimmt und dir den Rat gibt, du sollst noch einmal fassen, das sei ja grossartig, besser als in der Pinte.

Auch daran gewöhnt man sich.

Dass es überhaupt noch eine Zeit gibt – wir greifen ans Kinn, wir spüren es nur noch an unserem Bart. Abends bei letzter Sonne stehen wir am hölzernen Waschkännel, seifen uns ein. Immer ungefähr die gleichen, die es wieder nötig haben. Das reicht für eine besondere Gemeinschaft, wie ein Jahrgängerverein. Wir schaben, zoten oder schweigen, und dann, plötzlich einmal, fallen ein paar Worte über die eigentlichen Dinge. So beim Putzen der Klinge, beim Auswaschen des Pinsels. Über unsere Rolle in einem Krieg. Immer sehr nüchtern, anders als die Wehrmänner, die schönen, die nun in den Wochenblättern stehen, wie ein Denkmal für junge Mädchen, hoch an einem erhabenen Berggrat: nie vor Gefahren bleich. Und so weiter. Wie gesagt: wir stehen an einer hölzernen Wasserrinne, seifen uns unter den Armen ... Die Frage vergangener Jahre, ob es überhaupt einen Sinn habe, gegen eine Übermacht anzutreten, ist aus den Köpfen wie verdunstet. Mit einer geladenen Waffe in der Hand, da denkt sich manches anders. Wie es kommt, weiss keiner – aber auch der andere nicht.

Oft sitzen sie über dem Bild eines Tanks, etwas nachdenklich, aber ruhig. Es muss ein Gefühl geben, das niemand ausdrückt. Wie blieben sie sonst ohne verdächtig-prahlerische Redensart? Ein Gefühl, dass man uns nur aus einer vollkommenen Lüge heraus angreifen kann, und dann, dass wir immer etwas voraushaben – nicht die Hilfe einer göttlichen Gerechtigkeit, die eine Erfindung der Moralisten ist, noch immer unpatentiert nennen wir es einfach die Natur, die gläubige Wut eines Menschen, der auf seinem Boden steht, der keine sogenannte Idee braucht, die ihn in den Kampf treibt, und sich von einer tieferen, einer naturdumpfen Kraft getrieben fühlt, die nur wachsen kann, wenn man auf ihn schiesst, und möglicherweise, einmal dazu getrieben, einer panzerbrechenden Grausamkeit fähig ist.

Unsere Batterie hat eine Hilfskasse gegründet. Wer will, spendet alle zehn Tage einen Sold oder mehr. Unsere Offiziere, die neulich bereits einen Fussball spendeten, gehen in der Sache voran, wie es sich gehört, und es melden sich auch die Soldaten sehr zahlreich. Teils mit sehr noblen Beträgen. Ein Offizier, ein Korporal und ein Kanonier werden die Kasse verwalten und sorgen, dass ärmere Kameraden, die auf den kommenden Winter möglicherweise Schuhe oder Wäsche brauchen, einen nützlichen Beitrag bekommen, ohne dass es an die grosse Glocke kommen soll.

Wir haben bereits, am ersten Abend, über zweihundert Franken beisammen.

Das köstliche Wetter hält noch immer an. Aus einem matten Morgengrauen entschleiert sich jedesmal ein silberner, fast wolkenloser Tag, eine plötzliche, unsäglich heitere Bläue. Zwischen den Erlen wird es immer geräumiger. Nur da und dort noch ein rieselndes Geflimmer, ein sprödes Geraschel. Aus den Wäldern wird ein graues und warmes, heimlich rötendes Braun mit dem schlanken Weiss von vereinzelten Birken darin. Und gegen Abend senkt sich über die Hänge und Weinberge, die nun voll blauer Trauben sind, abermals der matte Herbstdunst, der alles in ein goldenes Schweben verwandelt.

Wir haben eben, sozusagen als Bauvorstand, die Stellungen der anderen Batterie gemustert. Die zahllosen Rundhölzer, die sie für ihre Faschinen haben, sind allerdings prächtig! Ohne Anfrage haben sie eine nahe Holzhandlung geplündert. Krieg ist Krieg. Eine säuberlich geschriebene Rechnung von über zweihundert Franken erinnerte sie allerdings bald wieder an die bürgerliche Ordnung, die wir hierzulande noch immer haben. –

Das Dorf, das letzte an der Strasse, liegt wieder so malerisch am Hang, dass man sich jedesmal einen freien Tag und einen Malkasten wünschte, im Grunde aber froh ist, dass es nicht geht. So bleibt es nur der Dienst, der es versagt, und nicht das eigene Unvermögen, das allzu bekannte, das immer wieder vergessene. Auch hier oben, wie im ganzen Tal, sind die Häuser noch alle mit einfachen Feldsteinen überdacht, schwer und grau, wie Schuppen eines plumpen Tieres. Stellenweise grünt sogar das Moos darauf. Und wenn man aus der Höhe schaut, sieht es just wie eine Herde aus, die sich um den guten Hirten drängt, um das verwegene Kirchlein, dessen Turm eine grosse Schweizerfahne trägt.

Das Schönste jedoch ist das Gemäuer, das beinah zerfallende, das rohe und lebendige Gemäuer aus unbehauenen Steinen, ohne Putz natürlich und nur vom Halbschatten eines Weinlaubes überspielt, von der Schwärze eines offenen Rundbogens unterbrochen. Schweine grunzen aus einem fliegenumschwärmten Stall. Und auf einer Rebmauer stehen jedesmal die Kinder, wie die Orgelpfeifen, winken und jubeln unseren brummenden und nach Rohöl stinkenden Wagen entgegen, als kämen wir vom grössten Sieg!

Später dann, nach dem Essen, sehen wir sie wieder: lautlos und schüchtern warten sie mit ihren Kesselchen, ihren

Blechbüchsen auf die restliche Suppe, die sie von unsrer Küche bekommen –

Unser Hauptmann hat sicher recht, als er neulich vor die Batterie tritt, beide Hände voll halber Brote, die sie weggeworfen haben, nur weil es gestriges war. Er hat mit strengen Strafen gedroht, und es hat tatsächlich gebessert. Vielleicht wegen der Drohung. Vielleicht wegen der lautlosen Kinder, wegen der sichtbaren Armut, die uns nun täglich begegnet.

(Man ist ja meistens nicht böse, nur dumm, und meistens nicht einmal dumm, nur immer das eine: Mangel an Vorstellungskraft. Oder was das gleiche ist: Trägheit des Herzens.)

Als wir die Stellungen gemustert hatten und schleunigst wieder abfahren wollten, bevor die Strasse gesperrt würde, hatten wir gerade noch eine Panne. Und das heisst: Musse … Ich schaute einem jungen Frauenzimmer zu, das in blauweissem Kleid an einem Wascheimer stand, putzte und putzte, während ein alter Tessinersoldat, eine Bauernpfeife im Mund, die bunten Fetzen an ein gespanntes Seil hängte. Sie flatterten im Winde. Unter dem Schulhäuschen, das gerade aus einem einzigen Zimmer und einem Abort besteht, dafür aber einen vogelhaften Blick über die grünen Hänge und die gewundene Schlucht des einsamen Tales hat, entdeckten wir die erste Soldatenstube des Schweizerischen Volksdienstes. Für einen Kaffee und ein Gebäck zahlen wir dreissig Rappen. Trinkgeld wird nicht genommen. Dafür frage ich noch dies und das, bis unser Pneu geflickt ist. Das junge stramme Frauenzimmer haust also ganz allein in diesem weltvergessenen Grenztal oben, hier, wo es nur Truppen und Pferde gibt, Motoren und Waffen –

»Alle Achtung!« sage ich.

»Auch die Frauen«, meint sie, »gehören schliesslich zum Schweizervolk.«

Mit Schwung giesst sie das dunkelbraune Seifenwasser über den Hang hinunter, hat im übrigen keine Zeit, sich mit jedem Maulaffen einzulassen.

Meine Kameraden kommen sehr griesgrämig zurück, geben kaum eine Auskunft. Sie mussten das Männchen machen, wie sie sagen. So ein Generalstäbler. Schon gestern fluchten sie, als wir den Taktschritt üben mussten, dorfauf und dorfab.

Wie in jedem mittleren Dorf gibt es auch hier einen Idioten, der stets zugegen ist und mit einem unerschöpflichen Stumpfsinn den täglich wiederkehrenden Ereignissen zugafft. Und immer mit offenem Munde natürlich. Auf der Wache machte er mir doch einmal die grösste Sorge; immer wieder hockte er bei der Munition. Ich rief: Halt! Er grinste. Und nach Wachtbefehl hätte ich nun also schiessen müssen. Ich versuchte es auf alle Arten. Endlich begriff er, wie es schien – und kroch auf allen Vieren zum nächsten Geschütz, glotzte mir wieder in den offenen Gewehrlauf. Man sah nun, dass er keine Fingernägel hat, offenbar abgekaut, und ich blieb vor ihm stehen, begann mir zu überlegen, wie es wäre, wenn ich schösse? …

Man konnte sich alles so vorstellen, das Bündel am Boden, ein kleines Loch, wo das dunkle Blut heraustropft, und das blödsinnige Gesicht mit dem halboffenen Mund – natürlich blieb es einmal mehr beim blossen Gedanken.

Heute nun, als wir mit dem Brotsack vom Essen kommen, sehen wir ihn wieder, den Idioten, wie er tatsächlich dorfauf und dorfab geht, eine alte Zaunlatte auf der Schulter, andächtig bemüht, uns gleichzukommen. Es sieht so lächerlich aus, und plötzlich sind alle, der Teufel weiss warum, mit dem vergangenen Tage versöhnt.

In einem Briefe heisst es:

»Wenn man wenigstens ein Melker wäre, man wüsste, wozu man arbeitet. Aber unsereiner? Dabei hätte ich alle Hände voll Arbeit. Was ist jetzt getan, wenn man malt? Im Grunde ist sicher nichts anderes, ob Krieg oder Friede, nur dass man in solcher Zeit, die alles in Frage zieht, auch diese Frage klarer, lauter, stündlicher hört. Nur ein Kerl, der noch unter Sterbenden malen dürfte, darf es überhaupt. Aber das heisst viel! Ich habe mich zum Hilfsdienst gemeldet, sitze aber noch immer da und putze an meinen Pinseln herum, niemand weiss, ob und wie und wann man uns braucht.«

Und an einer anderen Stelle:

»Sei froh, in der Stadt ist es zum Kotzen. Alles sieht aus, als gehöre es dem Frauenverein, und wie die Leute dich anglotzen: ein junger Mann! Sie drehen sich tatsächlich um. Warum ist der nicht an der Grenze? Überall gehst du im Nimbus eines Landesverräters, und etliche triefen schon vor Wichtigtun, weil sie einen Mann, einen Bruder, einen Bräutigam an der Grenze haben. Die Ahnung eines grösseren, eines gemeinsameren Erlebens, in jeder Strassenbahn spürbar, aber sie macht den Spiesser, auch mit dem Glorienschein des Opfers, offenbar nicht weniger schulmeisterlich.«

Es ist der erste Sonntag, wo wir beide, mein Kamerad und ich, gleichzeitig frei sind. Wenigstens bis sechs Uhr abends. Dann muss ich wieder auf die Wache.

Auch hier, am Langensee, ist es zum Schwimmen bereits

sehr kalt, und wir legen uns lieber in die Sonne. Es schwitzt das Gesicht, wenn man schläft, und es friert der Rücken. Und dann, wenn man die Augen aufschlägt, ist es wie ein silberner Rauch über dem See …

Was will man mehr?

Da ist der Wind, der unsichtbare, der ein leises streichelndes Plätschern an den Strand trägt, und es raschelt, es knistert das Laub, das gefallene, das immer scherbeliger wird. Ringsum liegt es im Sand und in Riedgras, so dunkelbraun wie geronnenes Blut. Und jedes Gras, jedes Laub hat seinen eignen Schatten, wie ein Streifchen aus bläulicher Seide. Und da ist der eigne Körper, den man reckt und geniesst, in seinem Stehen geniesst, wie eine plötzliche Offenbarung, und geniesst, wie ihn die sinkende Sonne umspült, wie er frei ist von den Kleidern, straffer als sonst, härter und gesünder, auch wenn unsere Beine, wie wir sehen, von Flohstichen wimmeln. Und da sind, schliesslich, wieder die paar Trauben, die wir statt eines Essens mitgenommen haben, die wir zwischen den Lippen zerknallen, Beere um Beere.

Wo, denkt man oft, wo ist nun das Gespenst des Krieges, das Bild des Tötens und das Antlitz der Toten, das Antlitz der andern, die in dieser Stunde umherziehen wie getriebenes Wild, ein Bündel unter dem Arm, Verzweiflung im Herzen, und wo sind die rauchenden Städte?

Ich sehe nichts. Auch wenn ich daran denke, aus Anstand daran denke …

Ich sehe den Rauch von verbrannten Stauden, der zwischen den blauen Stämmen schleiert, zwischen Erlen und Espen und Birken, und der langsam über den glitzernden See kriecht. Ich stehe am abendlichen Strand, die Füsse im gläsernen Wasser, und dass es Krieg gibt, was geht es mich an?

Meine Trauben schmecken wunderbar.

– – – –

Ich denke nochmals daran:

Wir ziehen den Hut, wenn ein Leichenwagen vorbeifährt, nicht anders, als andere ihn ziehen werden, wenn sie mich vorbeifahren, oder wir lächeln, wenn es eine Hochzeit ist, und gehen an unsere Arbeit wie sonst, und der Bräutigam in seinem Wagen, der Betroffene, mag denken: Die haben es gut, für sie ist's ein gewöhnlicher Tag, die können hingehen und arbeiten. Es ist ja nicht ihre Sache! Man weiss, es heiraten viele, es sterben viele, und die Strassenbahn fährt trotzdem. Es ist gerade genug, wenn der Mensch es erlebt, da, wo er selber an der Reihe ist. Jeder kommt einmal an die Reihe. Für dieses Mal aber, sagen die andern, ist es halt deine Sache, und nur die Pfarrer, die eben im Amt sind, werden aufrichtig tun, als wäre es auch die ihre.

Aus einem handlichen Bändchen, das ohne weiteres in die Tasche schlüpft, habe ich dieser Tage wieder einmal Homer gelesen, zum erstenmal seit der Schule.

Was uns wohl am meisten überrascht: wie gross, wie erschütternd gross hinter all diesem Geschehen, das sich vor Troja abspielt, das Nichts steht, dieser Urgrund der Langeweile, die nicht nur die Menschen zu ihren Taten treibt, die auch über den Göttern waltet. Nur mit dem einen Unterschied: für sie, für die Götter, ist alles nur Spiel. Wohl kennen auch sie den Schmerz, aber sie verbluten nicht an ihren Wunden. Sie fragen nicht nach dem Sinn. Nur die Menschen, die sterben, fragen danach.

Für uns hat alles so fürchterlichen Ernst.

Die Götter aber, sind sie nicht wie grosse Kinder? So

hold, so heiter, so schuldlos und grausam. Sie lachen mit verschlossenem Mund. Über Not und Sehnsucht und Qual. Wie Kinder, die mit Tieren spielen. Auch der Schmerz ist Spiel, und Sterben ist Spiel, Glück ist Spiel, Leben ist Spiel – sie wissen, was dahinter steht, und sie sagen es nie.

Weil wir es nicht ertrügen. Man müsste unsterblich sein, um ohne Glauben leben zu können.

– – – –

Es gibt in dieser Welt keinen Sinn, keinen Trost; es gibt nur, was da ist. Es gibt nur Gesänge von Lust und von Leid, und unser Leben ist reich an beidem: Das sei uns genug, das sei uns der Sinn.

Denkt Homer es sich so?

– – – –

Hass und Zorn und Sehnsucht, Liebe und Eifersucht, für die Götter ist alles Komödie, und die gleichen Leidenschaften, für den Menschen werden sie immer tragisch.

Weil er immer noch fragt: Wozu?

Die Götter fragen nicht, sie brauchen kein Wozu. Sie sterben ja nicht. Aber dafür haben sie auch keine Götter mehr über sich, wie der Mensch, der immer wieder seine Götter hat: als schillernden Schleier zwischen sich und dem Nichts.

– – – –

Da ist Zeus, der Göttervater, und da schreitet er aufs Ida-Gebirge und setzt sich auf einen Fels, und nun, eine Waage in der Hand, sieht er zu, ob das Glück sich zu den Trojern oder den Griechen wendet …

Wen in aller Welt, wen fragt er denn an?

Handelt er doch wie ein Mensch, dem die Kraft der eignen Entscheidung versagt ist, so, dass er endlich eine Münze nimmt und wirft, Kopf oder Schrift, und das macht Zeus, der Allmächtige, der sonst die Blitze verschleudert, er, den wir noch eben, im Zank der olympischen Götter, als obersten Vater erblickten?

Homer nennt es das Schicksal, was Zeus mit seiner Waage erforscht, das, dem auch er unterworfen ist: Schicksal, das über den Willen selbst der Götter hinweggeht, Schicksal als Zufall, als blindes und zielloses Walten – eben als Nichts!

– – – –

In der Tat, immer wieder stösst man darauf: Zeus ist auch der grosse Wolkenlenker, der grosse Spieler am Himmel, der göttliche Tändler, der da sitzt und seine Träume ballt und formt, dann aber ziehen und vergehen lässt, immer wieder. Er ist der Künstler, dem das Gestalten genug ist, das Immer-wieder-Gestalten. Und im Grunde, was kümmert es ihn, ob es Wolken oder Völker sind? Am Ende sind beide nur flüchtige Dinge. Und wie beim Künstler, beim echten, so scheint es auch hier: er liebt das Schaffen, nicht das Geschaffene.

Wieder, was hinter allem steht: die göttliche Langeweile, die auch der Urgrund alles Schöpferischen ist. So wie es der Urgrund der Kriege ist, der Laster, der grossen Wagnisse.

– – – –

Goethe sagt es in einer einzigen Formel:

> »Gestaltung, Umgestaltung:
> Des ewigen Sinnes
> Ewige Unterhaltung.«

– – – –

Oder warum, fragt man sich doch, warum greifen die Göttinnen stets wieder ein, wenn das menschliche Ringen, durch Vernunft geklärt, oft seiner Entscheidung entgegenreift?

Eben lese ich, wie Paris und Menelaos sich schlagen wollen, sie, deren eigentlicher Haushändel es ist. Ich finde das so vernünftig, nichts als anständig und begrüssenswert. Wie wenn es eines Tages hiesse, man zöge die Heere zurück, die auf allen Ländern lasten, und zwei Staatsmänner treten zum Duell an …

Aber nein! Kaum fliegen die ersten zitternden Speere, schon greifen sie abermals ein, die göttlichen Luder, und Aphrodite, wie so oft, verschiebt jeden männlich klaren Entscheid. Sie hüllt ihre Köpfe in Nebel. Und warum? Noch soll das Spiel nicht zu Ende sein, das soviel Witz und List gekostet hat. Es war ein so reizender Einfall. Man will, in Götterkreisen, das Spiel noch ein Weilchen geniessen, das ist es! …

Wie die Katze, die eine Maus hat.

– – – –

So geht es denn weiter, es folgen noch viele Gesänge und Schlachten, und überall, wo man das herrliche Gewebe nur anfassen mag, schimmert das Nichts durch: auch bei den Menschen – obschon bei ihnen, die befangen sind im Wahn ihrer eigenen Wichtigkeit, alles verbrämter ist, feierlicher, gleichsam mit Stirnrunzeln.

Aber dennoch!

Oder sollten diese edlen Griechen so dumm sein, dass sie wirklich um Helena, um ein Weib, das einmal schön war und auch mit einem anderen Manne ganz glücklich lebt, zehn Jahre lang im Felde liegen? ihre eignen Weiber zu Hause lassen? ihre blühende Jugend verspielen? ihr Leben in lärmenden Schlachten verbluten? …

Und alles dies um Helena?

O Gott, wie dankbar sind sie doch um den niedlichen

Vorwand, der sie daheim und vor sich selbst entschuldigt! Wie dankbar, dass es Ehrbegriffe gibt, die sie selber daran glauben lassen, sie kämpften für den Menelaos, den betrogenen Gatten, für die Ehre ihres Fürsten, für die Ehre der griechischen Frau! Wie dankbar sind sie um alles, was ihnen einen Lebenszweck vor die Füsse wirft!

Oder wie, wenn Paris den Streich nicht getan hätte? Sie hätten ihn selber erfinden, sie hätten ihn vortäuschen müssen.

Denn, das ist das Menschliche daran, sie brauchen einen Grund, wenn sie Krieg führen wollen. Einen Grund oder wenigstens ein Ziel, einen Zweck. Sie sind keine Götter, die ohne all das auskommen. Immer brauchen sie den Vorwand, damit sie nicht sehen:

Wir kämpfen, um zu kämpfen!

Denn das wäre abermals der Ausblick in die Weltnacht, ins Leere, ins Nichts.

– – – –

Gewiss gibt es nur einen einzigen Menschen, der wirklich über dem Kriege steht: der schöpferische Mensch, und auch der nur in den seltenen Stunden, wo er es ganz ist.

Und alle wir andern?

Wir reden vom allgemeinen, vom steten, vom natürlichen und ewigen Frieden.

– – – –

Ares heisst der homerische Kriegsgott, ein Gott der wilden Leidenschaft, der tobenden Schlachtwut, und bemerkenswert, dass dieser Ares, wie Homer ihn schildert, sich keinen Deut darum kümmert, wem der Sieg nun eigentlich zufällt. Er tobt bald da, bald dort. Er kennt keine Gesinnung. Er ist die Kampfwut, nichts als dies, rasend, blind und wahllos, eine Gestalt, die bis zum Rande voll Chaos, voll Nichts ist!

Ares, das ist der Gott der Bombenflieger, zum Beispiel, all jener, die zerstören müssen, zerstampfen, zerreissen, um ihre Leere auszufüllen –

Darum ist es kein Zufall, dass dieser Ares, dieser Gott des untersten Kampfes, bei allen anderen Göttern so verhasst ist, zumal aber bei jenen, die ebenfalls Götter des Kampfes sind, wie Athene und Apollon, die ja ihre Helden, ihre Lieblinge auch in den Krieg führen und ganz persönlich die blanke Lanze schleudern, zugleich aber Götter des fruchtbaren Geistes sind, Götter der Weisheit, der Künste, der Schönheit und Wahrheit, der grossen schöpferischen Unterhaltung.

Womit Homer uns wohl sagt: es gibt einen Kampf aus Überfülle und einen aus Leere.

Ares oder Apollon?

Für einen Menschen, der ehrlich sein möchte, wird es nicht immer ein Leichtes sein, zu wissen, welchem Gotte er dient.

Es werden nun, wie es scheint, die letzten Leute zur soldatischen Ausbildung herangezogen. Auf der Wache, als wir unter dem Feigenbaum sitzen und ein Schach spielen, ruft man uns plötzlich, wir sollten kommen, aber rasch, die Bourbaki wären im Anmarsch! …

»Wer ist im Anmarsch?«

In der Tat, es ist schon ein drolliger Anblick, all diese Männer aus den verschiedensten Jahresklassen, Halbschuhe und lange Hosen mit Bügelfalten, Bergschuhe dazwischen und Knickerbockers, die meisten noch mit einer bunten

Krawatte – alle aber in einem blauen Mantel mit den eidgenössischen Knöpfen, ein soeben erhaltenes Gewehr an den Schultern. Wir grüssen die schwitzenden Mannen, nehmen sozusagen die Parade ab und können ein schnödes Lachen nicht unterdrücken …

»Grinst nur!« sagt einer von ihnen.

Aber da, es ist eine ordentlich lange Kolonne, grinsen wir eigentlich schon lange nicht mehr.

Gestern wieder zum Zeichnen befohlen. – Es sollen nun auch die einzelnen Geschützstände mit genauen Massen gezeichnet werden, ein für allemal; Grundrisse und Schnitte, alles wird auf kleine und möglichst klare Plänchen gebracht, so dass man sie jedem Geschützführer übergeben und eine zuverlässige Arbeit erwarten kann, ohne dass immer jemand dabei steht.

– – – –

Es ist keine einfache Sache, wenn ein gewöhnlicher Soldat mit einer gewissen, vorübergehenden Leitung betraut wird. Von den Kameraden wird zwar alles gemacht, wie man es vorschlägt oder gemeinsam berät. Auch einzelne Offiziere haben, einem natürlichen Drang gehorchend, den Rock ausgezogen, die Schaufeln ergriffen. Es wird geschafft, dass es eine Freude ist. Nur ein dummes Misstrauen gegen sich selber, man benütze seine augenblickliche Sonderstellung zum faulen Nichtstun, verleitet uns schliesslich, ebenfalls Hand anzulegen, und die Folge ist ganz natürlich: man vergisst sich in dem kleinen Ausschnitt, wo man selber pickelt oder mauert, und später, wenn man wieder einmal im Ganzen nachsieht, sind die Fehler, die Voreiligkeiten und Eigenmächtigkeiten bereits geschehen, und es bleibt dir nur noch die Einsicht, dass es tatsächlich nicht ohne Befehlen geht, auch beim besten Willen aller Leute. Man muss gehorchen können, wo es verlangt ist – aber auch befehlen können, wo es verlangt ist.

Sonst geht der Dienst im alten Trapp, und alle Briefe und Aufzeichnungen, die geschrieben werden, bleiben Entstellung. Wir halten uns darin stets an die Ereignisse, mitunter noch an die kleinsten. Weil wir das Andere nicht erfassen können. Das Eigentliche aber, das Mühsame ist das Ereignislose.

Eins ist auffallend:

Aus all den Briefen, die uns im Dienst erreichen, spricht ein unvergleichlich andrer Ton, ein Ernst, der uns eher verlassen hat, obwohl nun jeder von uns, wenn er sich zum Waschen das Hemd auszieht, ein weisses Totentäfelchen um den Hals hat.

Für uns alle, glaube ich, bleibt in der Stunde, wo es wirklich losgeht, noch immer der ganze Schock, und keiner kann sagen, was und wer er dann, in jenem Augenblick, sein wird. Nur eins ist gewiss: ehrlich werden wir sein, vielleicht zum erstenmal, ohne Maske, ohne erlernte Gebärden. Wir sagen Krieg, aber im Grunde ist es immer nur das eigene Gesicht, was wir fürchten, vielleicht mehr noch als den Tod, der uns auch zu Hause gewiss ist.

Wir werden sie ja noch öfter erleben, diese allgemeine Urlaubseuche. Jeden zweiten packt das Gewissen: er fühlt sich als volkswirtschaftliche Kraft, die man dem Hinterland nicht entziehen darf, gerade in solchen Zeiten nicht –

Gelegentlich ist es zum Kotzen.

Da sitzen Familienväter, einzelne, die schon im letzten Grenzdienst waren, und Auslandschweizer, die eigene Geschäfte verlassen haben: sie sagen nichts, sie schreiben ihre Geschäftsbriefe, soweit es noch geht; Maschinen, eben erworben, müssen bezahlt werden, obschon sie nun stillstehen, nichts einbringen ... Und am gleichen Tisch sitzen andere, die ihr Gesuch schreiben, ein Bauer zum Beispiel, der immerhin zwei Knechte hat, und wir wissen genau, warum er den Urlaub will. Oder ein junger Student, anderthalb Jahre mit seiner Vorprüfung zurück, im Frühling ist er durchgefallen, und jetzt muss es unbedingt sein, sechs Wochen, oder er wird sich auf seinen einstigen Leberriss berufen, den er zwar, wie er mit pfiffigem Lächeln gesteht, durchaus nicht mehr spürt ...

Wir alle haben ein Ziel, wofür uns das Dasein immer zu knapp ist. Alle versäumen das Uneinholbare. Nicht alle aber reden davon. Wer auch nicht mit dem Streben erschienen ist, wieder abzuschlüpfen und sich dem Opfer zu entziehen, das ein allgemeines sein soll, es fällt ihm plötzlich nicht leicht, wenn wieder einer in den Schlag tanzt und frohlockt, weil er es erreicht hat:

»Sechs Wochen!« sagt er.

Er bekommt überhaupt keine Antwort. Er wird uns einen Kuchen senden, sehr schön, und im übrigen gibt es wenigstens wieder Platz: für uns, für die Dummen.

»Ihr würdet es ja genauso machen«, lacht er, »wenn ihr es könntet!«

Keine Angst, wir werden es auch.

Zwischenhinein ein schöner Tag. Wir hatten einen Bergmarsch. Natürlich mit Gewehr, Brotsack und Gasmaske, immer mit dem ganzen Zeug, dessen Riemen über die Brust spannen, und heiss war es wieder einmal, so, dass man den Schweiss nur noch mit einem Kopfschütteln abwarf. Eine strenge, aber unmürrische Marschordnung wirtschaftet mit unseren Kräften, wie es ein Einzelgänger kaum vermag. Es kamen denn auch alle mit, sogar die Älteren unter uns, auch noch in der fünften Stunde, als es über steile Waldhänge hinaufging –

Oben wird ein Tee gekocht. Wir sind nicht allein; auch hier hausen noch die Soldaten, ganz und gar in ein eigenes Dasein gestellt, so dass sie uns fast wie Eindringlinge anblicken, wenn wir uns da niederlassen zwischen den Drähten, die sie allenthalben über die Alp gespannt haben.

Niemand ist mehr müde.

Für etliche ist es das erstemal, dass sie solche Berge sehen, Gipfel hinter Gipfel, wie eine Zackenschrift am gleissenden Rande der Welt, all diese schwebenden Grate über den Taldünsten. Nicht dass die Leute schwärmen oder überhaupt davon reden; nur so, dass einer, der den Becher hinhalten soll, wortlos hinüber blickt, bis der andere daneben giesst, seine Hand verbrennt und darüber ein kleiner Krach entsteht ...

Ich habe mir einen Feldstecher gepumpt:

Einsam und ziemlich öde stehen die Grenzberge vor uns, kaum zwei Stunden von hier. Die Wolken ziehen darüber, und man sieht auch keinerlei Naht am Himmel. Auf der Erde eigentlich auch nichts. Nur Wälder, voller Pilze und blauer Heidelbeeren, und Alpen mit Niedergebüsch, wo man sich prächtig verstecken kann, mit herrlichen Föhren und Geröll, immer wieder Geröll –

Das also wäre unser Kampffeld?

Hinunter geht es durch herbstlichen Buschwald, steil

und steinig. Köstlich ist das glimmende Welken, die purpurne Röte der herbstlichen Beeren, dazwischen die weissen Birken, der immer bläuliche Taldunst und das matte Silberband des Tessins, der einfach nicht näherkommen will. Wie fluchen wir über diese Tessinerwege, diese kugeligen Steinwege, diese Marterwege! Und wie lechzen wir nach den dunkelblauen Trauben über den staubigen Mäuerchen! Umsonst natürlich! Wir wischen den brennenden Schweiss aus den Augen …

Aber dann, endlich im Tal unten, wo das Gehen auf der Ebene eine wahre Labsal für die Knie ist, singen wir aus vollen Hälsen, ohne Befehl, aber aus Lust und Stolz, der noch den ganzen Abend das heimliche Brennen der Füsse übertrumpft.

Heute ist es übrigens ein Monat. Mindestens eines ist erreicht: wir zählen die Tage nicht mehr. Auch die Wochen nicht. Wir sind da, und wer an daheim denkt, nun, der denkt eben an Urlaub: an einen Besuch bei sich selber. Es ist, als wären wir auf einem endlosen Marsch, Tag für Tag, und unser inneres Ziel rückt ferner, je länger wir gehen, immer ferner, als wolle es uns einst, als Überraschung und Schreck, von rückwärts einholen.

Unser Hauptmann streifte eben die heiklen Fragen, was man unter Mannszucht, unter Gehorsam verstünde, und wie in der Schule wird man einfach aufgerufen. Ausweglos. Ob wir darunter den sogenannten Kadavergehorsam verstünden, fragt er. Wer findet so rasch, so im Stehen, sofort ein umfassendes Wort, das jenes andere ausdrückte, das, was wir Schweizer unter Gehorsam verstehen? …

Das mit dem Vertrauensgehorsam, noch lange werde ich das Echo hören müssen, und dabei war nur gemeint, dass ein Gehorsam sein muss, das heisst eine Unterordnung unter die führende Übersicht. Kein Zweifel, dass dieser Gehorsam natürlich um so fruchtbarer sein wird, je weniger er durch Zwang, durch Strafe oder Drohung, je mehr er durch freie Einsicht und durch Vertrauen gewonnen wird, Vertrauen in jene, die schliesslich die Verantwortung tragen und durch ihre Persönlichkeit sich dieses Vertrauen erobern müssen, wenn sie den Gehorsam haben wollen.

Arschlecker ist mein gelindester Titel an diesem Abend. Viele sind überzeugt, dass es ein Verrat am Soldaten sei, ein Verrat an die Oberen, und wie rasch ist man ein Feind des Volkes, ein Feind der Demokratie. Schön ist es, wenn ein Volk so wachsam, so eifersüchtig auf seine Rechte und Freiheiten achtet, und traurig, wenn es darüber dumm würde, so dass jedes Wort, das an die Voraussetzung aller Rechte und Freiheiten erinnert, an die Pflicht, wie ein rotes Tuch wirkt.

Heute fahren wir ins Theater, ganz nobel. Auf Lastwagen allerdings, wo sich unsere Waffenröcke, die leidenschaftlich gebürsteten, im Nu wieder verstauben. Wir halten uns am Dachgitter, baumeln, pendeln an unseren Armen und singen, singen, zwei oder drei Lieder im gleichen Wagen, das Rattern übertönt uns ohnehin.

Schon vor zwei Wochen machte die Brigade eine solche Veranstaltung, ein Konzert: Verdi, Rossini und so.

Diesmal ist es ein bunter Abend.

Von den Rängen, wie bei einer Schüleraufführung, fliegen papierne Flugzeuge in den Saal, landen in der Loge, wo die eleganten Offiziere sitzen, sogar der Brigadier, und der Jubel über die unstrafbare Ehrfurchtslosigkeit des kleinen Spielzeuges ist grenzenlos. Unser Brigadier lächelt. Fast alles sind Tessiner, sie pfeifen sich von Balkon zu Balkon. Es ist wie ein Affenkäfig. Uns vorderen drücken sie fast den Brustkasten ein, und im ganzen Rang riecht es nach Pferd und Schweiss, aber die Stimmung ist so, dass es kaum noch eine Aufführung brauchte: immer wieder, vor geschlossenem Vorhang, überläuft sie in lautes Singen.

»Endlich!« seufzt einer neben mir: »Endlich wieder einmal gute Beine! ...«

Es ist eine bekannte Zürcherin, blond, rosig, keck, unerschrocken noch vor der Stille dieses feldgrauen Saales. Sie steht in einer Flut von Beifall. Wofür? Erst nach einer Weile kommt sie dazu: sie singt und macht ihre Sprüche dazwischen, sie singt auf deutsch, auf italienisch, auf französisch. Von der Liebe, von der Eifersucht, von der Untreue. Auch von der verklemmten Seele einer blauweissen Saaltochter, die im Traume ein Vamp ist. Es sind Liedchen, die sich selber für volkstümlich halten. Aber die Ironie, das Gewächs der Stadt, schlägt nicht ein. Sowenig wie bei Kindern. Sie fällt wie Wasser durchs Sieb, und nicht einmal die Dichter unsrer Kabarette, die es darauf anlegen, dürfen es sagen: Mich verstehen alle.

La Bella! rufen sie nur: La Bella!

Es ist ein brüllender Erfolg ...

»La Bionda«, singen sie: »La bella Bionda!«

Sie, die Sängerin selber, muss sich immer wieder zeigen und verbeugen, endlos, lachend und den Kopf schüttelnd, fast etwas hilflos, als sei es ihr nun doch nicht mehr geheuer, in so viele Träume einzugehen –

Zum Schluss, als die ganze Bühne voll Tessinerli steht, bunt wie ein Blumenbeet, haben sich alle erhoben, ohne Wink, ohne einen Anstoss der Bläser: nun singen sie plötzlich, wie aus einem anderen Winkel ihrer inbrünstigen Seelen, das Vaterlandslied.

Am Sonntag wieder auf die Wache. Immer hin und her. Manchmal sind zwei Stunden sehr lang. Man denkt, man geht und denkt ... Woran eigentlich? Über den schwarzen Bergen geht langsam der Mond auf, wie ein silbernes Lampion hinter den schwarzen Stämmen ... O gewiss, es ist schön! Immer wieder ist es schön. Und immer wieder: Was hilft es, was tut es, dass die Welt so schön ist? Ich lege auf den Mond an, was natürlich verboten wäre, Visier dreihundert und gestrichenes Korn –

Wie es in dem Sprüchlein heisst:

»Sieh, das Mondlicht in den Bäumen.
Alle Vöglein sind zur Ruh.
Sterne blinken aus den Räumen –
Denk dir einen Gott dazu!«

Und dann:

»Sieh, das namenlose Schweigen,
das die Wolkenfratze sengt,
Silbertränen in den Zweigen –
Sieh, der Mond hat sich erhängt.«

Später, als endlich die Ablösung kommt, als man die Tritte über dem nächtlichen Pflaster hört, da ist man ganz überrascht. Sie kommen geraden Weges auf dich zu, nichts als sechs unterschiedlose Helme. Nun ist man wacher als wach. Im Dorfe drüben schlägt es drei Uhr ... Man denkt, man sitzt in der Wachtstube und denkt. Woran eigentlich? ... Eine Kerze ist da. Sonst nichts. Und das Schnarchen und Röcheln der gekrümmten Männer. Liegen sie nicht da, als wollten sie mit Wehr und Waffen wieder in den Mutterleib zurück?

Alarmbereitschaft oder nicht, nach und nach macht es uns wenig aus. Man isst seine Nudeln, soweit es halt reichen wird. Es reicht sogar, um nochmals nachzufassen. Nachher sitzen wir in der Wirtschaft, in der bestimmten, die uns an diesem Abend einzig erlaubt ist. Damit man, wenn der Alarm kommt, sofort alle Leute findet. Wir warten umsonst. Schliesslich lässt man uns schlafen, und erst um acht Uhr am anderen Morgen, also nach dem Turnen und dem Frühstücken, holt uns der Befehl:

Bei einem grauen, alles verhängenden Nebel beziehen wir eine Stellung und warten im prasselnden Regen, bis die Übung wieder abgebrochen wird.

Dann nach Hause und unters Dach.

Dreckig sind wir bis zu den Knien. Unsere Mäntel hängen wir in den Estrich, und an den Hodlerischen Gestalten, die in den Unterhosen im Stroh stehen, erkennt man genau, wie hoch die Nässe gestiegen ist. Viele, die den Postsack noch nicht haben, wären wieder einmal sehr für den Frieden. Einer, ebenfalls in der Unterhose, steht ratlos und raucht seine Pfeife ...

Der Landsturmoberleutnant, der schon die letzte Grenzbesetzung miterlebt hat, erzählt uns über den Tessin, über Land und Volk, insbesondere über die wirtschaftliche Lage, die nachgerade verzweifelt ist: gegen Süden die Grenze, die Schranke durch den Zoll, und gegen Norden, gegen das eigene Land, der Gotthard und die Schranke durch den Bahnpreis –

Andere Vorträge sollen folgen, und jeder soll sich einmal überlegen, was er bei regnerischem Wetter seinen Kameraden berichten könnte; wir haben Gärtner und Goldschmiede, Melker und Doktoren, Handlanger, Kunstmaler und Bierbrauer, und an Stoff dürfte es wenigstens für den ersten Winter nicht fehlen.

– – – –

Was man zu sagen hat, das alle angeht? Es ist eine Frage – gelegentlich wie ein Strick um den Hals, der sich zuzieht, je mehr man sich mit der ganzen Person daran hängt.

In der Tat, nun sitzen wir schon Abend für Abend in der Küche, als gehörten wir zur Familie. Man trocknet das Geschirr ab, die Teller, die teilweise wie Zahnräder aussehen, und Bianca, die französisch spricht, überbrückt uns immer wieder die hilflosen Zustände. Worüber wir reden? Man könnte es kaum sagen; es ist, als unterhalte sich die Sprache mit sich selbst, und es genügt, dass man Wörter weiss. Wörter aus allen möglichen Fächern, die nicht zusammengehören. Dass man dennoch einen Satz daraus machen kann, das ist unser eigentliches Gesellschaftsspiel. Und dann, wenn man eine Sprache nicht kann, lässt sich ja so viel mehr sagen: man ist immer entschuldigt. Noch der blutigste Fluch, etwas mit fremdem Tonfall gesprochen, wirkt reizend und löst ein Gelächter. Man redet von Liebe und von Küssen, nichts ist verbindlich, am Ende ist alles nur Sprache. Oder ein Beispiel zur Sprache.

Einmal, eine Viertelstunde mit der Schöneren allein, erzählt man sogar sein Leben: so mit Handgebärden, so kurz und bündig, wie man es noch nie vermocht hat, so ganz in grossen Zügen, immer nur soweit, als eben der Wortschatz reicht …

»O, je comprends!« sagt sie.

Was will man mehr?

Ein Fall, der uns täglich begegnet, nicht nur im Dienst: dass jemand kommt und einer Meinung, die dir am Herzen liegt, recht geben will – aber mit Gründen, die du nicht achten kannst.

Soll man es hinnehmen, nickend?

Bruderschaft im Nein, nichts ist leichter als dies, nichts ist trostloser und unfruchtbarer, nichts ist häufiger. Volksredner, sie kennen die Zaubermacht dieses Nein, wennschon es mitunter ein verschleiertes, ein vernebeltes, ein ganz unausgesprochenes Nein ist, ein scheinbares Ja vielleicht, womit sie sofort die grösste Masse erobern, ja, die Verbrüderung als solche, auch die scheinbare, kann dermassen berauschen, dass sich die Leute nicht mehr um den Gegenstand überhaupt kümmern, geschweige denn um die Gesinnung – dass sie alles an Gesinnung opfern für die augenblickliche Verbrüderung, die ihnen das Nein, der Hass gegen einen gemeinsamen Gegner erschliesst, und sich zu jedem Ja bestimmen lassen – zu jedem!

Aber gerade das wollen wir ja nicht.

– – – –

Es sind immer nur wenige, die uns ihr Einverständnis bringen, und diese, selbst erfreut, müssen wir vor den Kopf stossen, indem wir ihr Angebot ablehnen – um so schärfer, je scheinbarer die Verbrüderung ist, je weniger sie selber die Kluft sehen wollen zwischen ihrem Anlass und unserem Anlass.

Alles Denken wächst in der Spirale ...

Unser Verhältnis zum Krieg, zum Beispiel: vom untersten Ja, vom Ja des wilden Tieres, geht es über ein Nein, das Nein der Tanten und Haarschneider, zu einem zweiten Ja, zum Ja der Gesunden und Kampfsüchtigen, und zu einem zweiten Nein, zum Nein der Schöpferischen – und am Ende vielleicht wieder zu einem Ja, zum übermenschlichen und grausamen Ja der Götter.

(Und der Nihilisten.)

Wie gerne aber, in allen Dingen, verwechselt sich der Spatz mit dem Löwen, wenn sie zufällig gerade aus der gleichen Pfütze trinken.

– – – –

Wer nicht widerspricht – und man tut es ja meistens nicht: aus Lauheit, aus Höflichkeit, aus Scheu, man werde als Querkopf erscheinen, oder aus dem Gefühl, die Zeit verlange jene blinde Einheit der Gesinnung, die immer auf Kosten ihrer Reinheit geht – nachher spürt man genau, dass wir unserem Glauben wenig gedient haben, indem wir ihn um eines Rausches willen vergeben, und auch unserem Vaterland nicht.

Gerade unserem nicht!

Nur der Mensch, dessen Ziel die äussere Macht ist, kann sich nichts vergeben; ihm dient ja jede Zahl, auch wenn sie ihn missversteht. Er braucht sie, wie auch seine Gesinnung, nur als Mittel zur Macht. Immer in der Hoffnung, es gebe eine Macht auf dieser Erde, so gross, dass sie sich selber wieder reinsprechen kann – und dass er diese Macht erreiche, wenn er zuvor alles opfert, sich alles vergibt.

Unser Glaube ist das nicht.

Menschen eines Kleinstaates, was haben wir denn in der Welt zu erobern, wenn nicht die Weite des Herzens, die Reinheit und den Adel einer Gesinnung?

Heute kam der kleine Bühler, der arme Teufel mit dem unheilbaren Magen, wieder zur Batterie zurück. Unsere Karte, die versprochene, haben wir übrigens ganz vergessen. Sie haben die Operation nicht gemacht. Wie es ihm denn ginge, fragen wir und stehen um ihn herum. Er zuckt die Achseln …

»Und bei euch?« fragt er.

Wir zucken die Achseln … Wir bauen noch immer an unsern Stellungen, und vorgestern kamen wir zum erstenmal unter warme Duschen. Sonst gibt es nichts Neues.

Singen … Ein junger Leutnant ordnet an, dass wir singen. Aber laut und schwungvoll! sagt er. Wenn wir nicht singen, gebe es Drill.

Und was geschieht?

Sie singen wirklich, die feige Bande; sie singen … lahm und öde … Lied um Lied …

Langeweile und Heimweh, nach und nach nimmt es unsere stärksten Leute … Auf dem Mäuerchen vor der Wache, wo wir an der Sonne hocken, plötzlich kommt es sie an, Ekel, Wut und Öde, Zorn ohne Ziel. Man könnte vor sich hinspucken, bis die Welt darin ersäuft, einfach so –

Warum hocken wir da? Warum?

Dabei, muss man wissen, ist es der kostbarste Tag. Zwischen den Dächern droben, in seltsamen Zwickeln, blaut es wie Meer, und weisse Wolken ziehen darin, lautlos, ziellos, wie Schwäne. Wie sommerliche Erinnerung. Man könnte hierher in die Ferien gehen, wandern, arbeiten, auf einem Mäuerchen sitzen, nicht anders, als wir es tun. Nur ohne Stahlhelm. Zwischen den silbernden Erlen, talabwärts, sehen wir die trutzigen Türme der alten Stadt, und aus einem See von Dunst, der über der grossen Ebene schwebt, lösen sich die Hänge, steigen empor wie eine Klangschleife, je höher um so klarer, um so reiner, um so glühender vor der kühlen Bläue des herbstlichen Himmels. Auf den letzten Graten, zwischen knochenbleichem Fels, liegt schon der Schnee, weiss, wie ein Jauchzen ...

Dort möchte man sein!

Wir hocken und spucken noch immer zwischen unsere Schuhe, während ich den Mann, der auch in der äussersten Langeweile nicht zu einem Buch greifen würde, weiterhin frage, was er denn zu Hause, in der Freizeit, so mache –

Im Garten! sagt er.

Hier, sind es nicht ebenfalls Gärten?

Aber nicht seine. Das ist es. Er ist kein Betrachter, er muss die Landschaft mit dem Spaten geniessen, die Erde umstechen, die Erde bepflanzen, jäten, säen, düngen, zeugen –

Er ist ein Mann.

Er flirtet nicht mit der Erde.

Ein junger Leutnant, der ausser seinem Grad nicht viel anderes mehr mitbringt, hat es mit unseren Mannen nicht leicht.

Keine Sorge! heisst es bereits in den ersten Tagen: Wir werden ihn schon erziehen! Mit der Grausamkeit einer Schulklasse, unbarmherzig, gehen sie daran. Sie gehorchen dem Grad, gewiss, aber mit dem Blick einer vollendeten Verachtung. Er muss es merken. Einmal in jeder Woche, planmässig, bringen sie ihn zur hellen Verzweiflung, so, dass er nur noch Laufschritt befehlen kann. Sie sehen sich an, sie machen den Laufschritt, lächelnd. Oder sie stehen im Regen draussen, lächelnd. Oder sie schleppen die Kabel auf den steilsten Hügel, den er ihnen befiehlt, keuchend. Sie verweigern nie den Gehorsam, nur die Achtung.

Warum eigentlich?

Schon seit Wochen geht es so ...

Neulich, als unsere Offiziere eine eigene Aufgabe hatten, musste der junge Leutnant die ganze Batterie übernehmen, das heisst, unseren Arbeiten beiwohnen, die von selber gehen. Er ist eine flotte Erscheinung, ein flottes Auftreten, Sohn aus gutem Hause. Er stand, blickte in die Gruben, sass auf einem Baumstamm, blätterte in seiner Kartentasche, als wüsste er nicht, wohin mit sich selber. Als nach zwei Stunden einer hinging, eine Achtungstellung vorführte und ihn aufmerksam machte, es wäre eine Pause fällig, konnte er natürlich sein kleines Versäumnis nicht zugeben, tat, als hätte er schon daran gedacht, wie natürlich an alles, und befahl, dass weitergearbeitet werde, bis er das Zeichen gebe.

Befehl ist Befehl.

»Der arme Teufel!« sagt einer: »Mich wundert nur, was der im gewöhnlichen Leben ist!«

Lachend schaufeln sie weiter –

»Passt auf! Jetzt heult er dann, jetzt ruft er dann den Vater ...!«

Man glaubt nicht, was eine Mannschaft, dieses rätselvolle Wesen, in solchen Dingen für ein helles Gehör hat. In den Dingen der Leistung. Sie weiss es einfach, was los ist, noch der hinterste Melker, der alles andere als ein geschulter Seelenkenner ist. Und sie zeigt auch, dass sie es weiss: Der glaubt ja selber nicht an seine Überlegenheit, hat nichts, was ihm ein Recht dazu gäbe, und wir sollen daran glauben?

Sie machen es ihm wirklich nicht leicht.

– – – –

Sonst, weil schon die Rede davon ist, lässt sich doch sagen, dass man mit unseren Offizieren, wie es der Hauptmann seinerseits von der Mannschaft sagte, durchaus zufrieden ist. Etliche sind sogar wirklich beliebt, und das sind nicht einmal die milderen. Unser Soldat, scheint mir, sucht immer wieder im Offizier einen festen, strengen, sachlich und menschlich überlegenen Kameraden; er hat durchaus den Wunsch, zu glauben, aber er siebt ihn durch alle Zweifel, lange genug –

Sein Vertrauen ist langsam.

Er steht in der Reihe, jeden Samstag, zeigt sein Taschenmesser, seine Socken und die drei Nadeln, seinen Becher, und man weiss oft nicht, welcher von beiden, die einander gegenüber stehen, eigentlich der Prüfende ist! ...

Keiner lässt sich etwas vormachen.

Der Soldat schon gar nicht.

Manchmal will ein Offizier entgegenkommen und nimmt, wie er meint, den Ton des einfachen Soldaten an. Zwecks Leutseligkeit, die ja in unserem Lande so viel gilt. Er, der Offizier, bringt eine Zote. Das Gelächter ist sicher. Im Grunde aber würde gerade der Soldat, der nachher wieder gehorchen muss, lieber daran glauben, dass der andere, der besser Gekleidete, nicht auch ein Schmutzfink sein kann.

Es ist Sonntag, und endlich wieder einmal allein, so königlich allein. Hier auf der alten Ruine von Misox. So vogelhaft über den Fluren des herbstlichen Tales, über dem Rauschen des silbernen Flusses, über dem Rauschen der glühenden Wälder.

Was ist geschehen? ... Ein Schlaf, ein Traum vielleicht. Nichts weiter. Ein Schlaf auf der mittägigen Erde. Wie ein Versinken in tieferes Wachsein, und zugleich, als schlucke es den Körper in die Erde hinab. So schwer, so schmerzhaft war dieser Schlaf. Und darüber das endlose Rauschen des Windes. Aus allen Poren schwitzte der Körper, und man fühlte ohne Unterlass: wie die Zeit vergeht. Man fühlte es in einem wehrlosen Schlaf, in einem fernen und dumpfen Entsetzen. Und man fühlte es ganz leiblich: diese Glieder, sie werden zerfallen, einfach zerfallen, tot sein und aufhören, wie Zunder zerfallen ...

Nachher, als man erwacht, liegt die Pfeife erloschen im Gras. Leute sprechen und lachen in der Nähe, einheimische Ausflügler. Und die Sonne hängt schon knapp über dem Grat, und ringsum steigt das Schattenmeer, langsam, aber unaufhaltsam.

Wie sollte man danken, dass man lebt! Dass man ein Wesen ist, das vergeht, das all das Zeitlose sieht und begreift, warum es kein Stein ist, und begreift, dass es sterben muss, immerzu, damit es die Schönheit begreift und alles, was mehr ist als Schönheit, die auch nur ein Name ist, einer von vielen – man müsste auch danken können für den Schmerz, für die Angst, für den Ekel und die Öde, die stiere Verzweiflung!

– – – –

Wie sollen uns Menschen verheeren können, wenn sie nicht Knechte unsres eignen Geschickes sind? Und wie soll man es hindern können, wenn sie es sind?

– – – –

Hundertfach sind die Namen, die ein Wesen uns zuruft, und gehen wir nicht jahrelang an allen Wegzeichen, allen Warnzeichen vorbei? Man träumt, man sei wach, und noch am lichterlohen Tag ist uns ein dumpfes Entsetzen so nahe; wir stehen und gehen und tun unsre Arbeit, und der Tag ist so blau, der Tag ist ein Bild wie aus Glas, und wir gehen hindurch, wir pfeifen, wir stossen nicht dran ...

Einmal fallen die Wände, die vertrauten, die festen und sichern, lautlos von uns, und draussen die Sonne, sie scheint blind in die Weltnacht, wie ein Mond im luftleeren All.

Abends, im Stroh, herrscht wieder ein unbeschreiblicher Rummel. Wie jedesmal nach dem Sonntag. Es klirrt eine Scheibe ... Wir spielen Handball mit Helmen. Einer blutet bereits. Und draussen im Treppenhaus spielen sie Handorgel und Klarinett, singen und tanzen dazu. Und dann der Clou: Willi, schon in der Wolldecke, springt nochmals empor, spielt den Affen, springt zum Fenster hinaus und – hält sich draussen am Kastanienast.

Wir atmen auf.

Das ist Willi, der Fürst. Wir nennen ihn so, weil er Chauffeur bei einem märchenhaft reichen Baron ist, ein eignes Nebenhaus bewohnt und ein Mann scheint, dem alles gelingt, nicht nur der Handstand, den er auf jedem Brückengeländer, auf jedem Baumwipfel und in jeder Wirtschaft anbringt. Ein Lebenskünstler von Geburt. Beim Hauptverlesen meinte einmal ein Leutnant: Schauen Sie nicht so blöd in die Welt hinaus. Er lächelte kaum. Wahrscheinlich, meinte er nur, habe ich schon mehr von der Welt gesehen als der. Manchmal erzählt er denn auch, immer ganz bescheiden: Als wir in Australien waren. Oder er sagt nebenbei: Auch in Holland haben wir ein schönes Gut. Nämlich der Baron und er. Wie ein Engländer seine geschäftlichen Vertreter, so hat auch er seine Freundinnen in der ganzen Welt. Er trumpft nicht auf damit, o nein, es geht nur aus anderen Dingen hervor, die er sonst erzählt, und wenn ein grosses Hallo ist, so lächelt er nur, ganz diskret, wie ein Mann von Stil. Jeden Sonntag lädt er einen Kameraden ein: hinunter zum Baron. In der Dienstküche essen sie Fisch und Huhn, dass sie noch zwei Tage davon erzählen, sie lassen sich von einem Neger bedienen und fahren im Motorboot zum schwarzen Kaffee. Zwei Kameraden haben es bereits erlebt. Und was sagen sie? Man müsse es erlebt haben. Einer war der Sohn aus vornehmem Hause, den er in die Dienstküche einlud, und er bezeugte, es sei unsagbar, wie ihm die Frauen zuflögen in der ganzen Stadt; man komme kaum von der Stelle. Und der Zweite war einer, der aus einer denkbar armen Familie stammt. Arbeiter in der Spinnerei. Zwei Bratwürste für neun Kinder, erzählt er mir einmal, das war ein Sonntagessen für sie. Er selber hat es mit einem unermüdlichen Willen zum ersten Werkführer gebracht, ein junger Mann, dessen gesunder Menschenverstand, dessen aufrechte und offene Haltung oft zum besten gehört, was wir erleben, und dessen Gewissenhaftigkeit mich öfter beschämt, um so mehr, als sie ohne jedes Spiessertum ist. Er ist Gemeinderat, Vertreter der Arbeiterpartei. Und dieser Mensch nun, der in seinem Leben noch keine Ferien gekannt hat, er sitzt in der Welt dieses Barons, sitzt in der Küche, wo die Hühner nicht gezählt werden, geht durch den Park, der fast nicht aufhört, und besichtigt das Haus, wo Willi wohnt und das Leben nimmt, wie es kommt …

Als sie zurückkamen, lächelte er nur, der Gemeinderat,

schüttelte immer wieder den Kopf, wie über einen Film, prägte das Wort:

»Willi, der Fürst!«

Er, der Fürst, kredenzt dann noch einen Bols, als wir bereits im Stroh sitzen, jedem ein Gläschen …

– – – –

Neulich bezogen wir bei Nacht und Nebel wieder eine Stellung. Wir standen neben den Geschützen, alle in den verregneten Zeltblachen, schlotterten und hatten von der scharfen Suppe her noch einen fürchterlichen Durst. Um Mitternacht, als wir noch immer in die lichterlose Finsternis hinein warteten, gingen sie endlich los, der Gemeinderat und ein andrer, um Wasser aufzutreiben.

Ob wir nicht lieber Wein wollten? fragte Willi, der Fürst, und sagte es in diesem menschenleeren Gelände, als könnte er einfach die Bäume anzapfen, wie ein Teufelsjünger.

Wir wussten, dass in dieser Nacht die ganze Brigade auf den Beinen und Rädern war. Unser Offizier entwickelte jene besondere Güte, jene aufmunternde Leutseligkeit, die meistens einen nahenden Oberst verrät –

Endlich raschelt es im Gebüsch. Sie kommen zurück, die Wasserpatrouille: mit leeren Gamellen. Es ist stockfinstere Nacht, und man sehe keine zehn Schritt weit.

Das sehen wir.

Endlich raschelt es wieder im Gebüsch: Willi, der Fürst, legt einen alten Kohlensack mit sieben klirrenden Flaschen nieder, Bier und Wein –

Woher das?

Er ging einfach querfeldein, sagt er, über Mauern und Zäune, über den Bahndamm, über die Strasse, bis er ein einsames Licht entdeckte, und siehe, es war wirklich ein Grotto.

Und all die Offiziere? fragen wir.

Er hat sie gesehen, nun freilich, aber sie nicht ihn. Es wimmelte nur so von Obersten. Er lag unterdessen mit seinen Flaschen im Strassengraben. Alles geht einmal vorüber. Eine Hand voll Schürfungen, was weiter …

»Prosit!«

Er selber trinkt nichts. Er hat auch nichts getrunken. Er hat keinen Durst.

Wir bleiben nun doch in unserem Schulhaus. Letzte Woche war ein Oberst da, ein Hauptmann, beide von unserem Quartiermeister begleitet, und die Gerüchte, man wolle uns hinauswerfen, wollten nicht mehr verstummen. Die Wut war allgemein. Als wollte man uns von unserem Stammhaus vertreiben, von der Scholle der Väter, oder wie man sagt. Es war uns ein Stich, als könnten wir uns nicht von den paar Röhren, den paar Schnüren und den paar Tischen trennen, womit wir unser Schulhaus während dieser Wochen eingerichtet haben. Jeder bangt um seinen Platz im Stroh! Er will nicht andere Nebenleute haben, und man fühlt sich nun einmal daheim. Es ist komisch, aber wahr. Man fühlt sich daheim und mag sich nicht vertreiben lassen …

Gewöhnung ist alles.

Hier, wo es ständig nach Latrine stinkt und gelegentlich auch nach den Schweisssocken, die der Nachbar über deinen Waschlappen hängt, bleibt es übrigens eine anregende Vorstellung: dass Menschen in einem Konzert sitzen, am gleichen Abend, Herren in frischen Hemden, die über uns reden, und seidene Damen gehen umher, verkaufen Brötchen, und all das für den Wehrmann. Es kommt uns vor, wie wenn das Kind zu Hause, rührend in seiner Hingabe, mit der kleinen Nagelschere einen Soldaten ausschneidet und sagt: Gäll Vatter, das bischt du?

Welcher Vater würde widersprechen?

– – – –

Überhaupt: wir haben uns innerlich schon ordentlich niedergelassen – als sei es nun, nach einem anfänglichen Zögern, wieder eine ausgemachte Sache, dass sich der Herrgott zugunsten der Schweiz entschieden habe.

(Wie könnte er auch anders!)

Auch das mit dem weiblichen Nachschub macht offensichtlich Schule. Schon sind es sieben oder acht, die ihre Frau haben kommen lassen. Nach dem Hauptverlesen spazieren sie zusammen, wie daheim, das Kind in der Mitte. Manchmal wie ein Plakat. Es fehlt nur die Schrift: Wir stehn für unsere Weiber, unsere Kinder.

Einer von unseren lautesten Schwätzern, bisher ein unermüdlicher Schimpfer und Nörgler, nun ist er plötzlich zufrieden und still, ein leutseliger Lächler. Noch andere Vorteile gibt es. Ein Mädchen sitzt in der Wirtschaft, eine junge Dame, wenn man lieber will, Freundin eines Soldaten, und plötzlich hört man keine Zoten mehr. Es ist, als habe man Weihwasser in die Hölle gespritzt. Da kennen die Teufel sich selber nicht mehr, und ringsum sitzen lauter Herren. Ja Fräulein! sagen sie. Nein Fräulein! Man hört wieder einmal die einzelnen Stimmen. Wollen Sie einen Stuhl, Fräulein? Und alle haben zwei Gesichter, wobei es noch nicht gesagt ist, dass nicht beide wahr und gültig sind.

Allerdings, als das Mädchen mit dem roten Mund und den grossen Augen wieder über den Gotthard verschwunden ist, geht es keine Stunde: das wäre noch gar nichts! sagt er, und wir sollten nur sehen, nächste Woche käme eine andere – da könnten wir dann glotzen! Und er erzählt die grösste Geschichte, wie er schwindeln musste, damit nicht beide zugleich kamen. Er kann sich nicht mehr genug tun.

Letzte Woche haben wir in der Nähe einen regelrechten Sportplatz entdeckt. Seither spielen wir Handball, wo immer der Dienst es erlaubt. Wir haben bereits zwei Mannschaften gebildet, und es herrscht eine Kampflust, die auch am Abend, wenn wir längst unter den Decken und im Dunkeln liegen, nicht verstummt. Turnschuhe und leichte Hosen kommen mit jedem Postsack, und es ist eine grosse Sache. Im Frühjahr, so rechnen wir, wird unsere Mannschaft dermassen im Schwung sein, dass wir auch gegen andere Einheiten, schliesslich gegen die ganze Brigade antreten wollen. Das Material, wie der Fachmann versichert, sei durchaus vorhanden, auch die körperliche Härte. Neulich hatten wir eine Stellung ganz in der Nähe des Sportplatzes. Wir hatten Scharfschiessen; es nebelte aber über dem Zielgelände, und als schliesslich sogar ein feiner, grauer Landregen einsetzte, hiess es zum allgemeinen Jubel, wir dürften die Geschütze verlassen. Ein Motorfahrer schwang sich auf sein Töff, donnerte los und brachte alsbald den Ball. In den schweren Bergschuhen mit den Randnägeln spielten wir Fussball, dass es eine Art hatte. Es konnten ohnehin nicht alle gleichzeitig mitmachen; so empfand man es nicht als Unglück, wenn durchschnittlich alle Viertelstunde einer heraushinkte und von einem Neuen ersetzt wurde. Wir hatten anderthalb Stunden gespielt, ein Unentschieden; wir standen und keuchten, stützten uns auf die eignen Knie, liessen den Schweiss tropfen und beschlossen, weiterzuspielen, bis die Entscheidung fiele. Was nach einer weiteren halben

Stunde wirklich eintrat. Es war eine Viecherei, aber ausserdienstlich, so dass keiner murrt. Es sei denn der Arzt. Zwei ganze Mittellinien liegen im Krankenzimmer, und fortan ist nur noch Handball gestattet und zwar in leichten Schuhen.

Heute haben wir den Platz für die kommenden Ereignisse hergerichtet. Ein Lastwagen, fünf Säcke voll Sägemehl und vier Mann ..., wir haben uns abgemeldet, wie es sich gehört, haben den Platz gestreut, nach allen Regeln, wie für ein Länderspiel. Deutschland und die Westmächte, es wird uns zur Nebensache. Wer redet davon? Nur die Zeitungen, die Sender der Welt und die Briefe, die man bekommt. Wir aber, wie gesagt, reden zur Zeit von ganz anderen Dingen. Alles tritt zurück hinter dem Ereignis der kommenden Woche: Landwehr gegen Auszug.

Beide Teile sind bereits dabei, in einem fürchterlichen Maulkampf den künftigen Gegner abzutrumpfen, einzuschüchtern.

Endlich ist er da, der Augenblick, der langersehnte, wo man seinen Sack auf den Rücken schwingt, von allen beneidet, die im Stroh liegen und zurückbleiben, und ihnen die Hand schüttelt ...

»In zwei Wochen komme ich wieder!«

(Wozu die Entschuldigung?)

»Mach's gut!« sagen sie –

»Viel Glück bei der Frau!«

»Und sauf nicht zuviel!«

Mit Lachen, um ihnen den Neid nicht zu verderben, spielt man die Rolle eines Überglücklichen. Auch vor der Wache noch einmal, die hin und her geht. Noch lange wird sie dir nachschauen, wie ich es auch schon getan habe, mit den Augen, mit den Gedanken … Aber dann, auf der nächtlichen Landstrasse, plötzlich ist man allein. Weit und breit. Nur noch mit seinem Schatten, der dich lautlos einholt, wenn wieder eine Laterne kommt. Es ist ein Uhr nachts, und man hört nur den eignen Schritt auf der Strasse. Und plötzlich, als habe man das Ziel als solches vergessen, denkt man an zu Hause, an das Zimmer, die Kerzen, die Tassen, die Blumen, die Bücher …

Wozu habe ich diesen Urlaub verlangt?

Man weiss nicht einmal, warum die Freude, die lang gehegte, zum Teufel ist … Um drei Uhr fährt der Zug; ich sitze in der Kantine für Bundesbähnler, seit vierzig Stunden fast ohne Schlaf, und warte, warte, eine Tasse zwischen den Händen, ein Brett vor dem Kopf.

Zu Hause wird man es wissen.

Wir kommen wie aus einem Getöse; man muss es uns zwei- und dreimal sagen: Abwesenheit schafft Erkenntnis, und dann ist es, als erwachten wir noch immer nicht …

Plötzlich denke ich an den Schlaf auf der Ruine.

Das Leben ist geisterhaft: Alles ist da, die Kerzen, die Tassen, die Blumen, die Bücher, auch die Uhr, die alte – und dass sie gerade stehengeblieben ist, es ist zu witzig, zu sinnig, zu geistreich für einen Soldaten, der heimkommen wollte.

Draussen ziehen sie mit Trommeln durch die Stadt. Schon gestern. Man konnte nicht vorbeigehen. Es dröhnten die Scheiben. In einem weichen Filzhut, der fast nicht auf dem Kopf liegt, stand man zwischen den glanznassen Schirmen am Randstein, selber unter einem trockenleichten Regenmantel, und schaute, als habe man es nie gesehen: Gesichter von Soldaten, müde und nass, schweigend.

Wo gehöre ich hin?

Einmal, in den ersten Tagen, erfüllte uns die drohende Ahnung, dass wir alles verlieren könnten, und dann dieses unbändige Bedürfnis nach einer einzigen Sicherheit! Es kam der Glaube, dass es nur unser Verhältnis zu einem Menschen sein könnte. Es kam die platte Versuchung, dass man sich eines Menschen so sicher fühlte wie eines Gegenstandes, eines Grundstückes, eines Besitzes, dem die Zeit nichts anhaben kann, zu dem man jederzeit zurückkehrt, und dass man es sich mit einer Seele bequem machte, so, wie es keine ehrlichlebendige Seele verträgt ...

Aber es ist nicht nur das.

Alles kommt anders! Am gleichen Abend, wo ich meinem Freunde gestehe, ich sei froh, dass ich nächste Woche wieder in den Dienst müsse, liegt zu Hause schon der Befehl:

»Sie haben Montag 06.00 bei der Truppe einzurücken, zwecks Entlassung der Einheit.«

– – – –

Jetzt ist es 05.00.

Es lohnt nicht mehr, sich zwischen die Schnarchenden hinzulegen. Einer liegt quer über meinen Platz, im Traume röchelnd, die Knie emporgezogen, die Hände in den Hosentaschen ... Draussen, wo die Nacht wie ein Löschblatt zerfliesst, regnet es in Fäden. Man hört das Tropfen auf dem fauligen Laub, das muntere Plätschern einer überlaufenden Dachrinne und die Wache, die auf dem Pflaster hin und her geht. Man hört einen Güterzug, der durch das morgengraue Tal rollt, fast jede Stunde, Kohle aus Deutschland, und in den Gehöften krähen die Hähne, wie immer, und es könnte alles, was dazwischen war, ein Traum sein.

In der Batterie, heisst es, haben sie es gerade erfahren, als sie auf dem Spielplatz antreten wollten, Auszug gegen Landwehr. Nach Hause? fragten sie: Wer sagt das? Es war kein Witz. Nach Hause, hast du verstanden? Man kann nicht sagen, die Freude sei gross und laut gewesen. Nichts von alledem, was sie immer erzählt haben: sie würden ganze Fässer spenden, ganze Tansen voll Trauben, und weiss Gott, was noch alles geschehen sollte. Sie standen um die Kunde herum, den Ball in der Hand, und nahmen sie hin.

»Soso«, sagte einer: »Dann gehen wir halt.«

Auf wielange? ...

Das weiss niemand.

Alles wird ins Zeughaus gebracht.

Vier Leute müssen noch einmal in die Stellungen hinauf, um die Mauerlatten abzunehmen. Und was es sonst noch auf den Baustellen gibt. Zeit haben wir mehr als genug, und als uns auf der Rückfahrt in dem offenen Wagen ein peitschender Regen durchnässt, machen wir uns kein Gewissen, abzusteigen und unterzustehen, im frohen Bewusstsein, dass die andern auch nur umherliegen.

An unserem Kamin, die Schuhe ums Feuer, feiern wir Abschied, die beiden Tessinerinnen in der Mitte. Wir halten das Brot über die Glut, bis es röstet, drehen den Käse am russigen Spiess und trinken Glühwein dazu, heissen, roten, immer wieder, wie wir es für den Winter dachten.

»Abgemacht?« ruft einer: »Abgemacht?«

»Cosa?«

»Nächsten Sonntag, – Esposizione Nazionale! Wir laden Sie ein, alle beide!«

Bianca übersetzt, Wort für Wort.

»Santa Maria!« schreit die Kleine …

Sie ist noch nie durch den Gotthard gefahren.

Mit beiden Händen hält sie ihren Kopf.

Dann, als wir aufbrechen müssen und uns wieder in die nassen Zeltbahnen wickeln, ist es wirklich unser Goldschmied, der Stille, der Besonnene, der Verheiratete, der noch zum Schluss, in letzter Stunde, mit dem Küssen anfängt, als habe er eben heute die verpasste Freiheit begriffen.

»Komm jetzt!« ruft der Motorfahrer.

Abwesenheit schafft Erkenntnis …

Mag es sein!

Noch in den Dingen, die fortan bloss deine eigenen sind, waltet die Zeit, die ausserordentliche, die überall zu einem rascheren Wachstum drängt. In der Freundschaft, in der Ehe, in der Familie, in der Arbeit. Schroffer, rücksichtsloser, schmerzlicher, aber auch klarer und gültiger, grosszügiger, mutiger fallen die menschlichen Entscheidungen unter dem Segen einer grossen bewussten Gefährdung, die alles überragt, stündlich.

Blätter von 1940

I

Einmal waren wir die grosse Mode. Mädchen und Damen, auch ältere Herren trugen uns an ihrem Mantelkragen. Das war lustig. Das war vor einem Jahr; das ist vorbei –

Wir stehen noch immer im Dienst.

Aber wer will noch von Soldaten hören?

Erzählen wir vom Dorf!

Es hat einen sehr hohen Turm und einen sehr kleinen Pfarrer, den sie den Kohlensack nennen, was ziemlich böse tönt und auch nicht anders gemeint ist. Es kommt von unserer ersten Begegnung her. Unsere Batterie war ohnehin gereizt, dass sie das frühere Dorf, das schöner war, bessere Häuser und längere Sonne besass und noch allerlei mehr, hatte verlassen müssen. Im neuen Dorf war alles anders ...

Immerhin, es gab hier eine grosse Wiese, flach, gerade neben der Schule. Wir hatten eben unsere Tore gesteckt, vier schlanke Ruten, und schossen den ersten Ball in die Luft – als ein Schrei, ein schwarzes Bündel, ein Fuchteln und Watscheln die Hauptstrasse herab kam, wie aus einer Daumiermappe, heiser und himmelschreiend:

»O non, o non, c'est à moi!«

Wir spielen ja nur Handball –

»O non, c'est à moi, c'est à moi!«

Einer zeigt auf unsere leichten Turnschuhe, das verdürrte Gras, das nicht üppiger ist als sein aschgraues Haar, mehr Glatze als Wiese. Aber er ist nicht zu stoppen, nicht für einen Schritt. Fuchtelnd, zeternd, wie sie in alten Epen zetern, watschelt er die Strasse hinab, zum Hauptmann, heiser und himmelschreiend:

»C'est à moi! O non, o non!«

Eine lange Geschichte beginnt:

Unsere Landwirte schätzen das Gras. Dreissig Franken, sachlich gerechnet. Also geben wir fünfzig, christlich gerechnet. Niemand soll zu Schaden kommen. Wir sind keine Landsknechte mehr vom alten Schnitt; die handelten nicht, sie stahlen Hühner und Weiber und zündeten die Häuser an, wenn der Bauer sich wehrte ... Unser Hauptmann, seine Haselrute in der Hand, da wir Motoren haben und also keine Pferdepeitschen mehr, geht auf und ab; unser Doktor übersetzt; der Kurier wartet. Wir wollen doch sehen! Und eines Tages kommen die Pächter. Männer, die in den Bergen arbeiten, Pächter der umstrittenen Wiese. Sie nicken, sie kratzen im Bart. Wir hoffen aufs neue; wir, bereits in den Turnhosen, pumpen den Ball. Aber nun: es geht nämlich nicht ums Gras. Unser Hauptmann hat ins Leere gefochten, unser Doktor ins Leere übersetzt, unser Kurier ist ins Leere gelaufen. So kleinlich ist der Kohlensack nicht. Es geht um Gott. Und das geht so: Auch die Jugend des Dorfes, nämlich, sucht schon lange einen Platz, auch für Spiele, und wie nun, wenn die Soldaten das Recht haben? Dann will es die Jugend des eigenen Dorfes auch, nicht mehr aufzuhalten; sie kaufen sich einen Ball, sie kaufen sich kurze Hosen ...

Gewiss! sagt der Hauptmann, seine Haselrute in der Hand, seine Handschuhe in der anderen, die er an die Hüfte stützt: und warum nicht?

Da starrt der kleine Curé:

»Monsieur!« sagt er, »Monsieur! ... c'est la fin! c'est le sport! c'est le communisme!«

Er bebt … er bebt …
Wir sind geschlagen.

Das ist unser Dorf.

Wie malerisch all diese Dörflein sind, sagt der Jüngere. Diese Dächer, diese Treppen, diese Mäuerchen und immer wieder eine Pergola! Er ist einfach begeistert. Und die silbernen Wasserfälle über den Felsen und immer wieder diese Kapellen mit den ausgeschnittenen Türmen, wo man die freie Glocke, wie einen Scherenschnitt, im gelben Abendhimmel sieht …

Sie bleiben stehen.

Es ist schwer zu sagen, denkt der Ältere. Wenn die Welt ja nichts anderes wäre als schön, man könnte sich mit dreissig Jahren in den Sarg legen, ohne Trauergebärde, und den Deckel zumachen. Am heiterhellen Tag. Was allerdings all das andere ist, das Unschwärmerische, das, was darüber hinausführt und das Dasein verpflichtet, das Eigentliche, was die ernüchterte Seele erst auszufüllen hat, es ist schwer zu sagen.

Es gibt zwei Wirtschaften im Dorf, die natürlich verfeindet sind, und einen Laden. Dort stehen die Männer, ein Weinglas auf dem Ladentisch, und schwatzen. Ein Ekel von Weib, die Brust zwischen ihre aufgestützten Arme geklemmt, ist auch dabei. So schwatzen sie zu jeder Tageszeit. Es muss unheimlich viel geschehen. Nur sehen wir nichts davon …

Was wir sehen:

Einen unermüdlichen Tagdieb, der auf dem Velo sitzt und im Dorfplatz herumfährt, einmal im Kreis, dann wieder in der Acht, Tag für Tag, und einmal hält er vielleicht an, auf dem Sattel sitzend, stützt sich an die Kirchmauer, wo ein älteres Mädchen sitzt. Eigentlich ist es eine jüngere Frau. Manchmal spricht sie mit unserer Wache. Sie sitzt jeden Tag hier, an die kleine Kapelle gelehnt, oft schon am Morgen, wenn es unter den alten Kastanien flimmert, schillert von rieselnder Sonne, ein Schattennetz spielt über die rauhe Mauer mit dem blätternden Putz. Da sitzt sie und strickt, wie es scheint, an einer grossen Langeweile. Man sieht es ihr an: sie wartet. Aber sie erwartet eigentlich nichts mehr. Das ist ein schreckliches Warten. Monatelang. Der Sommer vergeht, und sie strickt, wechselt nur einmal die Nadeln.

Was sie strickt? – Kindersachen ...

Wenn die Kanoniere einmal trinken, gröhlen, singen, tanzen, steht sie auch auf der Schwelle, älter als alle, tanzt mit jedem, der sie holt, und hält ihn sehr, sehr fest, lacht über seine Schultern hinweg. Fast alle hier, im ganzen Tal, haben sehr schlechte Zähne und tragen es wie eine Selbstverständlichkeit. Einmal war sie Krankenschwester, weiss, sauber, und die Kranken blickten sie an, wenn sie eintrat, wenn sie das weisse Tablettchen brachte. Ein junger Arzt bot ihr vielleicht Zigaretten an. Ein Genesener lud sie vielleicht ein. Jetzt bekommt sie keine Arbeit mehr. Fernab, während sie tanzt und dem Tänzer über die Schulter lacht, lebt ihr Kind, fernab, aber nahe, gross, deutlich. Sie ist nicht heiter, nur lachsüchtig. Schwermut steht hinter ihr. Auf der Kirchmauer, wenn der abendliche Schatten wandert, nimmt sie ihr Garn, rückt an die Sonne ... Nur am Sonntag ist sie nicht da.

Am Sonntag ist Markt.

Stoffe und Strümpfe liegen da, Lebkuchen dazwischen, alles bunt und bereit ... Drinnen singen sie noch. Ab und zu hört man ein silbernes Klingeln. Junge Schweine, in eine Kiste gepfercht, warten auf die Kirchgänger. Wie verwachsen liegen sie ineinander, lautlos, jedes mit einer roten, noch nicht verheilten Wunde an der Lende, Sonne darauf, Fliegen darauf. Dann zieht man sie an den lappigen Ohren heraus oder auch am Schwanz, wie es kommt, und hält sie gelassen in der Luft, während es quietscht wie ein Leiterwagen mit allen Bremsen. Ein altes Weiblein hat sich entschlossen, eine kleine Mumie. Einunddreissig Franken legt sie in die fleischige Hand des Mannes, der seine Lobrede, sobald er das Geld hat, sofort abbricht, aufspart für den nächsten Fall. Das Ferkel aber, in die greisen Arme geklemmt, strampelt wie verrückt; etwas verlegen tritt das Weiblein zur Seite. So ist es auf dem Markt; man verrät, so flink man auch machen will, jedesmal sein Vermögen. Das Ferkel quietscht noch den halben Berg hinauf; so wenig Zuversicht hat es …

Das sind die Ereignisse des Dorfes.

Unsere Batterie ist ihnen sicher schon langweilig. Wir fühlen das nach. Was zeigen wir ihnen: rechtsum und linksum. Und ein paar Geschütze, die keine Miene verziehen. Eines regnerischen Morgens, als wir wieder rechtsum und linksum machen, fährt ein Lastwagen vor, und einzelne lachen über das schmutzige Bündel. Andere sehen lange nicht, dass ein kauernder Mensch darin ist. Eine tote Frau, heisst es. Wie man sie diesen Morgen aus dem Wasser gezogen hat. Sie fahren den verkrümmten Leichnam, der in keinen Sarg passt, hinter der Kirche herum, wir stehen Gewehr bei Fuss; dann müssen wir wohl weitermachen, linksum und rechtsum.

Am anderen Morgen hiess es, sie sei verscharrt.

Dies und das wird geschwatzt …

Eines sommerlichen Abends, als die meisten ins Wirtshaus schwenken, stapft einer um den Kirchhof herum. Sehr freundlich, wie immer, grüsst ihn der Kohlensack, der auf seinem Damenrad vorbeifährt. Wirklich findet er ein Grab ausserhalb der Kirchhofmauer. Aber er bückt sich, nachdem er sich allerdings nochmals umgesehen hat; die Erde ist trocken und alt. Sonst findet er nur Wiese. An der hohen Mauer, aber innerhalb des Kirchhofes, gibt es ein frisches Grab. Es hat sogar ein namenloses Kreuz, eine Blechbüchse mit dürren Blumen darin. Der Kanonier, im Stehen, hat die Pfeife aus dem Mund genommen, vielleicht da sie ohnehin zu Ende war. Ein anderes frisches Grab gibt es zurzeit nicht. Und es verwundert ihn eigentlich nur, dass sie ein Grab und ein Kreuz habe, was ja nicht dem Brauch entspricht.

Das Mädchen war verrückt, heisst es.

Das hält man ihr zugut.

Dann, indem er die Pfeife am Absatz ausklopft, kommt auch dieser Kanonier in die Wirtschaft herüber, die Nachrichten zu hören.

II

Nun sind wir schon ein Vierteljahr in diesem Dorf. Abend für Abend sitzen wir im gleichen Grotto, oben am Hang. Es ist, da die Familie auch zugegen sein möchte, ein ziemlich enger Raum. Man tritt durch die Haustüre, und der Grundriss ist klar: man steht schon in der Küche, diese ist Halle und Wohnraum und Herrenzimmer, alles in einem. Einzelne sitzen am Küchentisch, stützen den Kopf, rauchen, spielen Schach. Mit ebensoviel Andacht kann man vor dem Kamin sitzen, einen Käse über der Glut drehen; sei es auch ohne jeden Hunger, sei es auch nur, damit die andern nicht meinen, man mache in tiefen Gedanken. Ein anderer sitzt auf dem Schemel, die Kaffeemühle zwischen den Knien; das gehört sich so, wenn man zur Familie gehört, und sein leise knackendes Geräusch verstummt nicht, auch wenn die Nachrichten kommen.

Lesen?

Ein einziger liest Englisch ... Er will, sobald seine sieben Visa eingetroffen sind, wieder nach Bagdad zurück. Wohin? Nach Bagdad. Manchmal erzählt er den Leuten vom Nil und vom Euphrat, von der Wüste, von der Akropolis, vom Libanon, von Persien, ohne dass die Landschaft und die Städte eigentlich sehr sichtbar würden. Am sichtbarsten werden noch die Weiber mit den weissen Zähnen, gelegentlich auch die wilden Gesellen, die ihm unterstellt sind. Sie bauen Fabriken am Rande der Wüste. Er, der Zürcher, ist der einzige Abendländer, der im weissen Tropenhelm steht, der befiehlt und leitet. Hier, wo sie ihm dafür einen Stahlhelm gaben, fällt ihm das Gehorchen nicht eben leicht. Mit einem Hungerlohn fing er damals an, frisch vom Technikum weg, ein Arbeiter in der Fremde, die den Abenteurer gründlich auf seine Härte prüft. Einmal beim türkischen Kaffee, ausgelumpt und abgebrannt, lässt er sich eine Wahrsagerin über die Hand ergehen; sie faselt von zwei kommenden Briefen: den ersten soll er absagen, den zweiten soll er sofort annehmen. Wenn sie bloss in der rechten Reihenfolge kommen! denkt er lachend. Das sagt sie ihm, einem Sohn der Technik, einem Jünger des Berechenbaren. Aber in der Tat, es kommen wenigstens Briefe. O das ahnungsvolle Gemüt! Noch am selben Abend liegt einer da, der ihn freundlich an die Stelle zurückbittet, die er infolge eines Kraches hatte verlassen müssen. Er zerreisst ihn gelassen. Denn es ist der erste Brief. Er hat das Gesicht der Wahrsagerin nicht vergessen, vielleicht auch das Gesicht seines früheren Arbeitgebers nicht. Der nächste Brief, der ihn erreicht, kommt aus England, Anfrage eines Grossunternehmens, das einen Europäer sucht, der mit den Leuten hierzulande vertraut ist. Er sagt zu. Per Kabel. Aufs Geratewohl. Nun verdient er das Sechsfache von früher, und wenn er alle zehn Tage einmal nach Bagdad hineinfährt, so kann er sich, von der Wüste in allen Fasern ausgedurstet, Dinge leisten, die, nach dem Lichterlöschen erzählt, sogar für Soldatenohren alles Dagewesene in den Schatten stellen. Ab und zu fliegt er dann nach England. Einmal ist er gerade in Paris, und da machen sie Krieg. Was tun? Alle Türen fallen zu. In der Schweiz, die noch offen bleibt, erwarten sie ihn beim eidgenössischen Zeughaus.

Er glaubt nun durchaus ans Unberechenbare …

Auch der Kaffeedreher:

Auch er wollte ja einmal in die sogenannte Welt hinaus. Alles war damals vorbereitet. Es war eine kleine Farm irgendwo in Südamerika, billig zu haben, wirklich guter Boden und sicherer Absatz. Ein Jahr lang hatte er Spanisch gekrampft. Und als die Zeit kam, wurde die Mutter krank. »Ich will dir nicht im Weg stehen«, sagte die Mutter. Aber er sah, sie wurde einfach krank. Natürlich solle er gehen, wenn es sein Schicksal wolle, sagte sie. Aber er wusste, dass sie seinetwegen krank wurde, alt, ganz plötzlich. Er sah es einfach. Sie würde gleichsam in sich fallen, wenn er wirklich hinüberging, und das brach ihm die Lust, das überstieg seinen Mut …

Jetzt ist die Welt geschlossen.

Wann sie wieder einmal aufgehen wird?

Und wie? …

Für ihn spielt es keine Rolle mehr; er hat seine Arbeit in der Vaterstadt und eine liebe, eine geduldige Braut; er dreht die leise knackende Kaffeemühle, und die Welt hat er inzwischen gelesen, Bücher über Tibet, über Grönland, über Afrika, über Mexiko, über Australien das letzte, als wir zwei Tage im Stroh lagen, damals bei der Impferei.

Dieser Tage wurde übrigens unser Bunker vollendet und gestrichen, ein Klotz von fünfhundert Tonnen. Natürlich ist es nicht möglich, dass man ihn mit dem Pinsel zum Verschwinden bringt. Er steht auch unter dem Netz seiner Tarnfarben, die aus Schwarz und Grün und Ocker bestehen, noch immer klotzig genug. Immerhin, es lassen sich die harten Geraden, die verräterischen Umrisse verwirren, fürs Auge zerstücken und zerbrechen, die harte Fremde eines solchen Menschenwerkes, das inmitten natürlichen Gewächses steht, mindestens verunklären. Das ist der mögliche Zweck der Tarnung. Es bleibt dann nur noch die Härte unseres kameradschaftlichen Gerichtes, das sich, die Hände an die Hüfte gestützt, in einer Entfernung von hundert Schritten aufpflanzt; sie schütteln die Köpfe, wie es scheint, endlich kommen sie zurück: Man sehe den Bunker noch immer, sagen sie den beiden Malern, und diese stehen noch droben auf dem Bunker, die leeren Farbkübel in der Hand, gleichsam zu einer entsetzten und geschlagenen Miene verpflichtet. Indessen, sie streifen sich nur mit dem Ärmel das blöde Haar aus dem Gesicht, worauf sie die Pinsel und Kübel zusammennehmen, und scheinen bereits zu wissen, dass es eine eidgenössische Art des Denkens gibt, einen grundsätzlichen Kniff, um die Bejahung herumzukommen. Vor einem Jahr noch schnödete man über den fertigen Unsinn verdunkelter Städte: weil die Flieger doch den Weg fänden. Man schnödete gegen Stellungen, die uns vor neunundneunzig Gefahren schützten; vielleicht nicht vor der Seltenheit eines Volltreffers. Man schnödete gegen das Impfen, gegen alles, was jemals kam und jemals kommen wird, und es sind die gleichen Leute, die daheim einen Blitzableiter auf ihr Haus stecken, wiewohl man doch, eben nach dieser Denkkunst, bedenken müsste, dass der beste Blitzableiter uns nicht vor Erdbeben, vor Gicht und Ehezwist schützt ...

Wozu also ein Blitzableiter?

Im Grunde sind wir auf unseren Bunker, wie er nun vollendet ist, durchaus stolz. Er ist das Werk eines Sommers. Im August kam die Sonne sehr früh, und man arbeitete in zwei Schichten; die erste startete um drei Uhr morgens, die zweite versorgte die Schaufeln und Karren um sieben Uhr abends. Dann aber, im Wandel des Sommers, rückten diese Schichten näher und näher ineinander. Eine Zeitlang arbeitete man beim künstlichen Licht, da es um sechs Uhr schon dämmert, und das Betonfüllen, wenn es nicht zuviele Arbeitsfugen haben sollte, musste doch in grösseren Zügen geschehen. In den Stollen, drinnen im Felsen, arbeiteten sie schon lange mit Lampen. Das lichte Buchenlaub, das einmal Schatten streute auf die braunen, schwitzenden Körper, jetzt schaukelt es von den Zweigen; es raschelte spröde zwischen den Rollwagenschienen; wir arbeiteten im Pullover, auch beim schönen Wetter. Alles wurde von den Soldaten getan, auch das ganze Einrichten der Baustelle: da war eine Quelle zu fassen, eine Seilbahn musste man erfinden, um den Beton über die Felsen heraufzubringen, und an Aufgaben fehlte es nie. Dumpf rollten die Sprengungen, dass der Boden schütterte; aufwölkte der Staub, wälzte sich langsam über den Hang hinab, und dann puffte schon wieder der Kompressor, das rasende Hämmern, das Stottern der harten Bohrer. Abends, wenn es pfiff, kamen sie wie aus einem Mehlsack. Eine Dusche musste her. Eine Latrine natürlich auch; kühn schwebt sie über dem Fluss, über dem schillernden Strömen, das da ahnungslos vorbeizieht, eine freie Auskragung, gegen Hochwasser versichert, ein Meisterwerk einfach, das man nur mit Achtung besteigen konnte. Alles war eigene Arbeit. Das Sprengen, das Bohren, das Graben. Und dann das Schalen, das Eisenbiegen, sogar das Eisenlegen, dieses harte Geduldsspiel zwischen dem dichten Gestänge. Und dann das endlose Schaufeln, das jedesmal, wenn ein Kieshaufen abgetragen war und ein nächster Kipper kam, wieder von vorne beginnt, mit einem fachmännischen Spuck in die Hände. Und endlich die Säcke mit dem Zement, die Augen entzündet; tagelang die vollen Karetten, die mit einem immer neuen, immer gleichen Anlauf über das wippende Brett hinauf mussten. Das alles unter dem betäubenden Rattern einer alten Betonmaschine. Oft, wenn man seine Karette wieder gekippt hatte, schien es wirklich, als habe der Boden ein heimliches Loch, als schlucke die Hölle unseren Beton …

Eines Tages war es doch fertig.

Ein Aufrichtefest gab es nicht. Wir wuschen zum letzten Male unsere Schaufeln; die Rollbahn machte ihre letzte Fahrt. Inzwischen war es Herbst geworden.

Zum zweiten Male reifen die Trauben um uns.

– – – –

Auf eine starke, wenn auch unklare Art spüren es alle; unser Dienst hat sich verändert, unmerklich, aber grundsätzlich. Etliches glauben wir nicht mehr. Wir hören die Tatsachen, soweit man sie hört, Ereignisse, die Bruchstücke sind nur eines Ereignisses. Dann stellen wir Musik ein oder gar nichts. Zeiten gibt es ja nur zweierlei: das Schweigen, das schwer ist, oder das wirklich offene Wort, das wenn es reif ist, viele erschrecken wird. Sicher ist: es werden Junge sein, die es sprechen müssen, es werden Soldaten sein.

III

Es war in früheren Tagen, als unser Grotto noch einsam war, eigentlicher Fluchtort der Briefschreiber; Sommer welkte auf hölzerner Bank und steinernem Tisch, ... und Ginetta, ein helles hölzernes Geklapper über die lange Treppe herab, brachte die ersten Feigen. Später dann, ebenfalls auf einem Teller und mit drei grünen Blättern verziert, kamen die ersten blauen Trauben, nachdem wir schon eine Woche lang, Abend für Abend, in den Weinbergen gefrevelt hatten. Da ihr nun, dieser Ginetta, das Schreiben so wichtig nicht erscheinen kann, setzte sie sich schrägüber an die Tischecke. Eine halbe Stunde, das ziemt sich wohl, mehr nicht. Sie träumt von der Stadt, gewiss, aber sie wird nie hingehen. Gott hat sie hierher geboren. Einmal war sie in Locarno, einmal auf dem Monte Brè, öfter in Bellinzona, einmal in Olivone, dem grössten Dorf ihres Tales, und einmal, Krönung ihrer schweifenden Jugend, auf einer Schulreise in Zürich, wo es in Fäden regnete.

»Und die Zukunft, Ginetta?«

O diese städtische Frage ...

»Die Welt ist noch so gross!« sagt er: »Wo wird die Zukunft Sie hintragen?«

Ginetta lacht, lautlos, in ihrer heiter-spöttischen Art, wenn sie die Augenbrauen zusammenzieht: über soviel Vorwitz! Vierzehn Tage verstreichen, ohne dass sie auch nur einmal ins Dorf hinab geht, diese hundert Stufen an der Kirche vorbei. Feierabend um Feierabend sitzt ein junger Mensch am Küchentisch, wie ein treuer Hund. Nichts, gar nichts verrät, ob zwischen ihnen eine Hoffnung, eine Sehnsucht ist. Er sitzt da und hält sein Glas. Ginetta strickt vor sich hin, der Vater liest in der Zeitung, die Mutter sitzt da ...

Wir sitzen auch da.

Einer, ein Junggeselle mit Anfechtungen, übt sich als Vater, hat sich neben die kleine Graciella gesetzt, die auf dem selben Küchentisch, der zur Hälfte den Schachspielern gehört, ihre Schulaufgaben macht, und zeichnet ihr einen Soldaten, eine Kirche, einen Baum, sogar die Ferkel, die Sonntags auf dem Dorfplatz quietschen. Nur die Kirche, sogar als Raumbild gezeichnet, nimmt Graciella nicht an.

Warum nicht?

Verlegen wickelt sie an ihrem Haar.

»La chiesa?« sagt er: »No?«

Schliesslich zeichnet sie selber, eine flache Kinderkirche ohne all das, worauf der Erwachsene stolz war: ohne die romanischen Bögen, ohne die drei Absätze im alten Turm, der dunkel in die Abende ragt, seit acht Jahrhunderten, und ohne das eigenartige Turmdach, wo die Gräser darauf wachsen, wie blonde Haare, im Winde wippend. Ganze Stauden sind sogar darauf, die in die letzte Sonne hinaushangen. Das ist immer die Zeit, wenn wir die Schuhe putzen. Oder putzen sollten. Inneren Dienst nennt man das. Was für ein grosses Wort! Man könnte ja spitzfindig sein mit diesem Wort. Wer es nicht richtig begreift, kommt einfach wieder einmal auf die Wache. Langsam schieben sich die Sterne um den uralten Turm. Sonst geschieht ja nichts. Man hört nur die eigenen Schritte. Bloss einmal, wenn die Wachen sich ablösen, meldet es einer dem andern: ein altes Weib, das mit einem jungen Mädchen, dieses verhüllt, in die Kirche huschte. Um ein Uhr, um drei Uhr und dann um fünf Uhr nochmals. Aber sonst gibt es nichts. Jede Nacht winseln die Hunde, die für die kommende Jagd eingesperrt sind und bei Westwind über den ganzen Dorfplatz stinken; sie kesseln mit dem Blechgeschirr, heulen und jaulen, dass die Kanoniere erwachen und ihnen die Beine abfluchen und sich umdrehen. Mitunter tönt es wie Kinderweinen, und endlich, in der letzten Nacht vor der Jagd, da heult der Grosse und winselt wie noch nie, bis er endlich still ist, vergiftet und verreckt ... Dann endlich bimmelt es zur Frühmesse. Ein Feuerschein in der Feldküche, sonst ist der Himmel noch grau, ein Löschblatt, das die Finsternis langsam aufsaugt, das braune Laub ist nass, es klebt, es knistert nicht mehr, und die Büsche und Sträucher schweben über flachen Wiesennebeln. Auf dem Kirchhof brennen noch immer die Kerzen, weihnachtlich, und schwarze Gestalten gehen zwischen den Kreuzen; es klingelt, es tönt von Gebeten und dünnen Liedern. Auch die Selbstmörderin, wie es scheint, hat eine Kerze. Dann dröhnen die Glocken im uralten Turm, läuten zu Allerseelen. Stets ist es die Staude auf dem Turmdach, die als erste in die Sonne hängt – und nun sollte man meinen, wir kennen eine Kirche, die man ein Vierteljahr lang über sich sieht, Tag für Tag, auch nachts genug.

Aber Graciella weiss es besser!

Das bizarre Kreuzchen, das sie mit steifen Fingern eingräbt ins Papier, wir haben es nie bemerkt, müssen es aber zugeben. Genau so. Die beiden Eltern, am Schüttstein sitzend, sind stolz auf das sieghafte Kind. Aber Graciella schämt sich, als sie die Soldatenhand auf dem Kopf spürt; sogar die Schachspieler sind aufgetaucht, schauen sie an. Sie schüttelt den Kopf, je mehr die Eltern lachen. Sie will ins Bett. Das Gegenteil ihres sonstigen Willens. Der Vater brummt, dass sie so unfreundlich sei. Sie ist nicht müde. Aber sie will ins Bett.

Unterdessen sind auch die Nachrichten wieder einmal vorbei; alles geht weiter, das Schach, das Feuer im Kamin, die Kaffeemühle, der stille Freier auf der Bank …

Wenn er noch einen Wein verlangt, steht Ginetta auf und ist freundlich zu ihm. Und er? Er wirbt, indem er da ist, indem er Abend für Abend zeigt, dass er nicht anderswo ist. Indem er wiederkommt und Sera sagt; indem er sich in die Familie hineinsetzt, beharrlich, fraglos, stur, wie ein dumpfes Tier oder wie ein grosser Männerwille.

Dann muss auch er in den Dienst.

Der Vater, dieser liebenswerte Brummbär mit den Bartstoppeln, ein Mann von fünfzig Jahren, der, wenn die Schweine gefüttert sind, in die Küche zurückkommt und vor dem Kamin sitzt, schweigend, – man muss sein Gesicht sehen, als eines Abends, offenbar nicht ganz unverhofft, der andere Freier eintritt, dieser Kerl, dieser Mensch mit den Halbschuhen, mit der Sportweste, mit der Krawatte und der Armbanduhr. Plötzlich wird er gesprächig, der Vater, aber zu uns, zu den Soldaten …

Ginetta, stets im gleichen Kleid, aber sauber und schmuck, immer aufs beste gekämmt, immer in den schöneren Zoccoli, die sie erst für den Abend anzieht: sie tut, als ginge sie das Freien nicht an. Gewiss gilt es ihr. Aber es ist ihr Schicksal, nicht ihre Wahl. Unterdessen stellt sie den Radio ein; es singt, es kracht, und dann: Schubert, die Unvollendete ...

»O«, sagt sie: »non è bello!«

Wir müssen uns fügen. Erstaunt blickt sie zurück, etwas verächtlich und spöttisch:

»E bello?«

Sie lächelt zögernd, aus Höflichkeit zögernd, aber unerschütterlich in ihrem Urteil, und es bleibt bei den Tanzliedern, obwohl sie nicht tanzen kann. Tanzen nämlich, sagt der Kohlensack, sei gefährlich.

»Perchè?« will einer wissen, ohne aufzuschauen, mitten aus dem Schach heraus. Da wird sie rot. Es schiesst in ihre kleinen Ohren. Es gibt keinen Ort mehr in der Welt, wo sie hinsehen könnte ...

Besser verstehen wir uns dann in der Malerei. Da hängt ein Kalender mit Werken lebender Schweizer Künstler, von einem Warenhaus herausgegeben. Die Achtzehnjährige, die noch nie ein Gemälde sah ausser den durchschnittlichen Christophorussen an ihrer Kirchwand und vielen Kapellen, sie schwärmt vor Morgenthaler: ein Nebelmorgen am Zürichsee, ein grünblaues Weben und Verschweben, das Wasser und Himmel verschmilzt, ein rötliches Ledischiff liegt da, ein blaues Häuschen drauf, das in den rötlichen Nebel steht, als farblicher Widerruf zur roten Schiffsplanke, die im Bläulichen schwimmt.

»Ah«, sagt sie mit höchsten Augenbrauen: »Molto bello!«

Eine ruhende Gitarrenspielerin, Maurice Barraud natürlich, dieser unverschämt einfache Abklang einer Armlinie, diese Formen einer verdichteten Einfalt, einer scheinbaren Plumpheit, die von Zierlichkeit klingt, und dann die Farben, das lehmhafte Braun der nackten Arme, der Überschwang eines kühlen Rosa dazu, ein Hauch von Violett … Ginetta, der Fratz, leuchtet vor Jubel, dass noch jemand das kennt. Sie wusste nicht, dass die Maler noch leben. Gleichviel!

Toppi, ihre Landsmännin, gefällt ihr nicht.

(Es ist wieder nichts zu machen. Sie schüttelt den Kopf, sobald man das Blatt nur aufschlägt; der Geschmack eines Naturkindes, er ist gläubig, nicht gediegen, leidenschaftlich, nicht duldsam, und der Fall ist hoffnungslos wie Schubert.)

Amiet, o ja! Eine Baumgruppe, sommerliches Blattgrün. Aber jetzt ist es Zeit, Leute, wir müssen zahlen. Wir müssen ins Stroh. Sternennacht, Traubennacht, Fledermausnacht. Süss und trunken riecht der Herbst. Wir kennen die Stufen auch ohne die Sichel des Mondes, der um den uralten Turm schleicht, über den dunkelnden Laubdächern der Weinberge … Einzelne singen noch, eine Melodie, die sie verfolgt. Man hört eine Handorgel, weinselig. Sie stehen an der dunklen Mauer, verrichten ihr Bedürfnis und blicken in die Sterne hinauf –

»Herrgott!« sagt einer. »Wie soll das eigentlich enden? Was soll denn eigentlich werden?«

Dann singen sie wieder …

Wir dürfen nicht vergessen, dass wir Soldaten sind – nicht nur die Handlanger, die ihm, dem unbekannten Soldaten, die Bunker bauen.

Das letzte Mal, als wir einen sogenannten Türk hatten, war es noch Sommer und eine laue Gewitternacht, als wir zwischen den letzten Föhren unsere Zelte erstellt hatten. Das Lagerfeuer war damals mehr fürs Auge, fürs Gemüt. Im Kreise hockten und sangen wir, rote Gesichter im flackernden Feuerschein; einzelne standen, sie warfen einen tannenlangen Schatten hinter sich in die Finsternis, und über uns wirbelten die Funken, und wir waren eben im besten Singen, als man plötzlich, hoch über uns, lange und ferne Rufe hört. Sie waren unverständlich, aber dringend, sehr dringend. Offenbar hatten sie nicht einmal Licht. Immer wieder riefen sie. Ganz in den Felsen mussten sie sein. Vier von unsern Leuten zogen die Schuhe an, machten sich sofort auf, den Verirrten zu Hilfe. Wir andern sangen weiter. Wir beendeten indessen kaum ein Lied, als sie schon ihren eigenen Vordermann, einen Gefreiten, zu den Zelten zurückbrachten. Er hatte die linke Schulter ausgehängt; deutlich, erschreckend deutlich spürte man die Pfanne. Und in der Höhe riefen sie noch immer. Die andern gingen abermals gegen die Felsen hinauf. »Herrgott!« flüsterte einer neben dem Verunglückten. »Nun sollen wir ohne ihn die ganze Leitung abbrechen!« Endlich kam ein kleiner Sanitäter, aufgetrieben bei den nächsten Infanteristen, eine grosse Hoffnung. Man wäre, hätte es seine Anweisung verlangt, durchs Feuer gesprungen. Alles wartete auf seine Anweisung. Als er alles vernommen hatte, fragte er nicht ohne Schneid:

»Wie heisst der Mann?«

Das Gelächter kränkte ihn tief ...

Kameraden kamen mit Ästen und Wolldecken, und der Sanitäter konnte immerhin zusehen, wie sie es machten. Der Gefreite, der scheussliche Schmerzen haben musste, zeigte nicht einmal, wie er sie verbiss; er war der letzte, der eine Hauptperson aus ihm machte. Sie zimmerten ihm ein Gestell, das den Arm trug, so, wie er sagte, dass er's am ehesten aushielte. Schnaps kam plötzlich zum Vorschein. Er begehrte keinen, und der Mann, dessen flüssige Habe nun einmal bekannt war, hielt es offenbar fürs Ratsamste, wenn er den Schnaps gleich selber kippte; auf jeden Fall, als der Gefreite sich anders besann, hatte es schon keinen mehr.

Schritt vor Schritt, zwei Stunden lang, ging es hinunter ins nächste Dorf. Einer trug die Lampe, zwei andere stützten ihn. Um ein Uhr nachts meldete der Funker, dass er im Krankenhaus eingetroffen sei, dass er bereits in der Narkose liege. Wir hörten es im Zelt drinnen, so im Halbschlaf, waren auf eine verschwommene Weise sehr froh, dass wir mit besserem Gewissen weiterschlafen konnten …

Bald genug weckte uns der Alarm.

IV

Wir sind Vaganten auf Befehl. Stätten der Erinnerung, sie lassen sich nicht vermeiden. Man ist nicht gestern geboren; man hat Erinnerung, und unser Land ist zu klein, es droht die Wiederholung der Kulissen –

Wohl dem, der ein Scherenfernrohr hat! Es ist das modernste Ding, das man sich denken mag, zum Tragen auf die Dauer nicht leicht. Manchmal stellt man es ab. Manchmal stellt man es auch auf, wenn der Hauptmann nicht zugegen ist. Man sieht die Krater im Mond. Was geht es dich an? Man sieht einen Kreis voll Erde: man sieht den Fluss, wie er quecksilbert in der Morgensonne, die Steine, die rostenden Büsche und Bäume, alles mit der Klarheit einer verblüffenden Nähe. Etwas erschrocken blickt man auf, um sicher zu sein, dass er so nahe nicht ist, der vertraute Ort. Es scheint nur so, diese Nähe, aber mit einer entfernenden Kühle zugleich, mit einer Noblesse der Ungreifbarkeit, dass man es für Reife der Seele hält, für Kühle des Herzens, vermöge des geschliffenen Glases. Man kann den Geländewinkel ablesen, auch die Abtrift vom ewigen Pol …

Was will man mehr?

Soviel über das neue Scherenfernrohr unsrer Armee, ein Prachtstück, in Aarau gemacht, zwölffache Vergrösserung, Gesichtswinkel achtzig Promille.

Unsere Batterie ist eingeschossen!

Wir liegen zwischen Heidelbeersträuchern, Helme auf, wartend, schlotternd, so wie wir eben noch schwitzten, und blicken auf den lautlos zuckenden Sekundenzeiger –

Zweitausend Mann warten mit uns.

Als erstes hört man die Meldung durch den Draht: Feuer ab. Sekunden vergehen in Bergesstille. Haben sie wirklich gefeuert? Dann kracht es drunten im Tale, wo unsere Geschütze stehen, und hinter uns, über uns steigt es wie ein dünnes Heulen herauf, wesenlos, eins nach dem andern, es pfeift nur, es jault in der blauen Luft – da, vorne auf der Kuppe, die eben noch friedlich im Morgen lag: hochauf spritzen Feuer und Schwärze! Zwei Sekunden später dröhnt der Aufschlag, der die Luft zerreisst, den Boden erschüttert. Es rollt von den Felswänden zurück. Dumpfer mischen sich die schweren Geschütze hinein, Schlag auf Schlag. Donner fallen zusammen, holen sich ein und kommen nicht aus dem Rollen heraus. Aber in der Luft hört es nicht auf, dieses aufsteigende Heulen, dieses Winseln über uns. Bläuliche Rauchschwaden schleiern über die Kuppe, die überall aufspritzt, hier und dort, – und jetzt, neben uns gerade, feuert auch die Infanterie – Kanone, kurz, scharf, wie ein unsinnig vervielfachter Peitschenzwick. Nichts war zu sehen. Gestern gewiss; wir sahen sie zerlegt auf den

Maultieren. Jetzt knallt es aus allen Sträuchern; man erkennt die zuckenden Rohre. Abschuss, Einschlag, sie folgen sich hart, fast unmittelbar, und jeder sitzt im gleichen Loch, stur, grausam, herrlich. Und nun rollt es, rollt es über dem ganzen Tal. Schriller als alldies hämmern plötzlich die Maschinengewehre. Es wechselt, aber es hört nicht mehr auf; wo eines verstummt, erwacht ein andres, ein zweites, ein drittes zugleich, um so beharrlicher, um so verbissener. Wie ein dauernder Platzregen spritzt es auf der Kuppe. Rückwärts, hoch über den Felsgräten, sieht man das Speien der kleinen Wölklein, die der Wind verbläst. Die Hölle scheint los; die Luft ist zerrissen, das ganze Tal ist ein Krachen, ein Hämmern, und endlich, während die Schützen sich aus den Sträuchern erheben, rennen und rennen, sich wieder hinwerfen, fallen die Minenwerfer ein, Salve um Salve, es platzt, es sprengt hinter der Kuppe, als müsse die Erde in Stücke –

Nun wimmelt es auf der ganzen Alp, eine Auferstehung sehr sonderlicher Art, und alles läuft, alles rennt, alles keucht, alles rollt nach vorne, dem Rauch und Feuer entgegen. Wir müssen mit, unser Fernrohr muss mit, unser Draht muss mit, auf der rauchenden Kuppe ist unser nächster Posten, der Angriff geht weiter. Es ist ein Krampf, Stauden und Steine und Stolpern. Neben uns und vor uns, immer weiter vorne erwachen die leichten Maschinengewehre; sie werfen sich hin, sie hämmern drauflos. Für eine halbe Stunde ist es ein Rausch, der alles mitreisst, zum Äussersten zwingt.

Jetzt ist es Herbst, und der Herbst ist kalt. Es war die vierte Nacht im Freien draussen. In der ersten rauschte der Regen über unsere Zelte. Dann besserte es; die Nächte wurden klar.

Sterne, schrill und funkelnd, und eine Milchstrasse, wie einst in Griechenland. Damals lief sie quer über das offene Tempelchen. Es ist auch hier, als gäbe es keine Luft, nur das All. Und fernab, drunten im Tal, rollt ein Zug, eine Perlenschnur gelber Lichtlein. Vielleicht sitzt einer im Speisewagen, stellt sein Glas ab, drückt die Nase an die angelaufene Scheibe und sieht auch unseren Feuerschein. Wein haben wir übrigens auch. Und dann der Wind, immer wieder diese Anfälle von Wind, der das Lagerfeuer zerfetzt, niederpeitscht oder aufwirbelt und unsere Zelte bläht. Es flattert, es knallt wie ein Segel. Ekelhaft mundet nun der rote Wein, kalt, so aus der Feldflasche. Aber er wirft Schlaf über uns. In einer Stunde allerdings ist es aus; am Rücken beginnt die nüchterne Kälte ... Hinter an Hinter, das gibt wieder warm. Einer redet im Traum, jäh und laut, lallend, dann wieder mit dem beschwörenden Nachdruck einer Kanzelrede. Dabei handelt es sich um eine sehr irdische Liebe. Am anderen Morgen, wenn man ihn aufziehen möchte, hat man es selber vergessen.

Am anderen Morgen, einmal kommt die Sonne –

Eines Abends auch wieder der Friede!

Buchen und Birken stehen schon fast ohne Laub, Bläue zwischen den weissen Stämmchen und eine hauchdünne Sonne, ein goldenes Gespinst, eine spröde Ahnung von Wärme. Wir stapfen durch braune Farnkräuter. Wasser adert über den schwarzen Felsen und silbert. Es knistert der Wald. Es knistern die gefallenen Zweige, die man tritt, und es knistert das dürre Geäst, das einer von den Stämmen bricht und sammelt. Es knistert das Feuer. Ein bläulicher Rauch in letzter Sonne. Alles ist wie auf Seide gemalt, und von welkenden Hängen glüht, blutet die bunte Vergängnis.

Es geistert das Licht über ihr, es knistert vor Durchsichtigkeit, vor Stille, vor Kühle kommender Schatten. Man hört das Rupfen der weidenden Ziegen, das Rascheln einer erschrockenen Eidechse und das Verhallen eines fernen Steinschlages in den Bergen drüben. Lauter prasselt unser Feuer, rascher, leidenschaftlicher. Es knallen vereinzelte Kastanien, dumpf, und springen aus dem schwarzen Kessel, den wir gelöchert haben.

Manchmal juckt es die Leute. Das sind die Diensttage. Es juckt sie einfach … Da sitzen zwei in einer Wirtschaft, zum Beispiel, den Waffenrock ausgezogen, und jassen. Es ist zwar Dienstzeit. Aber sie sind weit von der Truppe weg, denken sie. Und als gelegentlich ein fremder Offizier eintritt, sogar ein Major, machen sie das, was einzig noch möglich ist, und das machen sie mit soldatischer Geistesgegenwart: sie bleiben sitzen, wie zwei harmlose Zivilisten, rollen vielleicht den Stumpen in den anderen Mundwinkel, heben gerade die gemischten Karten ab und jassen weiter …

Auch ein Major hat offenbar Durst.

Was sie denn da machen? fragt er sie.

Einen Pandur.

Aber woher sie denn kämen? fragt er.

Von Wollishofen bei Zürich.

Es ist vollkommen wahr. Ihre Antworten sind höflich und willig. Dass sie dabei nicht aufschauen, kommt in unserem Land öfter vor, und sie scheinen, indem sie weiterjassen, durchaus zu jeder weiteren Auskunft bereit; nur so nebenbei, wenn ihnen der eigne Stumpenrauch einmal in die Augen kommt, verzieht einer das Gesicht.

Wieso sie denn im Tessin seien?

Sie machten hier Ferien …

Es ist vollkommen wahr.

Und die feldgrauen Hosen?

Ach so, sagt der Kleinere, indem er sich auf die Hosen schaut, die tatsächlich sehr feldgrau sind: das komme vom Hilfsdienst …

Schliesslich, wie sich voraussehen lässt, mussten sie natürlich doch mit der Sprache heraus. Der Rest ging auf dem Dienstweg. Eines Abends, beim Hauptverlesen, treten sie mit der Wolldecke an. Sie bekommen fünf Tage scharfen Arrest, aber die Batterie, vielleicht auch der Hauptmann, hat fünf Minuten zu lachen. Das lohnt sich bereits. Und im übrigen sind es ganz brave Soldaten. Es hat sie nur, einmal in hundertundfünfzig Diensttagen, einfach gejuckt. Eine ernsthaftere Strafe war in der ganzen Zeit nur einmal nötig.

»Vier Fünftel seines Lebens wartet der Soldat vergebens.« Das schlägt einfach ins Gemüt …

Einmal läutet das Telephon, und der erste Beste nimmt es ab. Der Beste war es nun allerdings nicht. Eine ferne Stimme fragt nach dem Fritz. Da juckt es den schoflen Gesellen: der Fritz sei nicht da, sagt er kurz und bündig, wie es auch stimmt, fügt aber hinzu: der Fritz, glaube er, sei auf der Weiberjagd. Und hängt ab. Es gibt einen grossen Stunk. Es war die Braut, die anläutete. Es kommt ein eingeschriebener Brief, dessen Inhalt wir nur erraten, als selbiger Fritz, den Brief in der linken Hand, von Wirtschaft zu Wirtschaft geht. Endlich findet er ihn, draussen auf dem Dorfplatz, die Hände in den Hosentaschen und einen Stumpen im Gesicht, den Buben zuschauend. Es klatscht von Ohrfeigen aus Turnerhand … rasch bildet sich ein drängender Kreis, leider, da der eine auf dem Boden liegt, ist auch das schon wieder vorbei.

Was gibt es sonst?

Es gibt das Unbequeme, dass die Welt ein Ereignis ist. Das vor allem. Man entsetzt sich über die täglichen Bombenopfer, die wir nur in schwacher Vorstellung sehen, und es erhebt sich der Zweifel, ob es nicht ein ganz anderes Entsetzen ist; es erhebt sich der Verdacht, ob die Verneinungen, die gesprochen werden, nicht aus einem Grunde kommen, der mit Urteil noch gar nichts zu tun hat. Man nimmt es den Dingen, schon dass sie sich bewegen, von Herzen übel. Das ist bedenklich. Man empört sich über das Störende, das Entsetzen darüber, dass die Welt nicht ein Bestand, wie es der allgemeine Schweizer sehen möchte, sondern eine Bewegung ist. Empörung ist zuviel gesagt; es ist Ärger. Es ist das vollkommen Hilflose gegenüber dem Ereignis an sich, gegenüber dem Leben schlechthin, gegenüber der Tatsache, dass es nicht nur Geschichte, sondern Geschehen gibt, dass die Welt nicht endlich zu Ende ist. Es ist der schweizerische Aberglaube an den Bestand. Man wird, indem die schöpferischen Auseinandersetzungen übersprungen oder verpasst werden, die neuen Bestände sehen, die aus dem Ereignis hervorgehen, und man wird sie, sobald sie endlich einmal zum scheinbaren Stehen kommen, jedesmal wieder für einen Bestand halten. Bedenklich ist es, weil man diesen Ruhestand des Geistes, diese gigantische Fremde vor allem Lebendigen, das nun einmal seinem Wesen nach ungemütlich und ungeheuerlich ist, gelegentlich schon mit Gesinnung verwechselt.

Es gibt versunkene Völker im Fernen Osten, die den Gott, der die Welt verkörpert, als Tänzer darstellten; sie kannten auch die Gottheit, die den Drang zum Leben darstellt, diesen Drang, der im gleichen Grade zerstörerisch oder schöpferisch sein kann, und sie haben den seelischen Mut, diese unheimliche Spannung anzunehmen; beides, das Vernichterische und das Zeugerische, sehen sie in ein und der gleichen Gottheit, und sicher fehlte es den Menschen, die solches Zwiegespräch der Gottheit ertrugen, nicht an Weisheit vom Lebendigen. Wir, vor dieses Rätsel des Lebendigen gestellt, fragen bestenfalls nach dem Fortschritt. Das bleibt unser handliches Mass der Ereignisse, der Aberglaube des letzten Jahrhunderts. Man konnte alles, sich selber inbegriffen, nur annehmen, insofern es Zweck hat. Auch diesen Urdrang des Lebens: dieses ewige Gestalten und Umgestalten, dieses endlose Neumachen, Andersmachen, Wiedermachen, es musste Zweck haben, und das heisst: es musste, um angenommen zu werden – und es musste angenommen werden, da es einmal da war – ein Bessermachen sein.

Eben Fortschritt!

Das ist, wenn man die Gespräche hört, nach wie vor unsere Elle, die vor jedem Ereignis versagt, und noch seltsamer scheint es, dass auch die Umwälzung selber, die aus dem dumpfen Drang des Lebendigen kommt und einfach da ist, ohne die Miene dieses Bessermachens nicht auskommt, ohne das Pathos des Fortschrittes, ohne diesen Bückling vor der Vogelscheuche des Zweckes, ohne das atavistische Bedürfnis nach einer Rechtfertigung noch im Sinne eines Rechtes, das sie eben, um eines andern willen, aus dem Sattel werfen möchte. Es ist das Rezept aller Revolutionen: man muss, will man Gefolgschaft haben, das Neue mit dem alten Geist begründen, mit den alten Werten und Zwecken, als

Bessermachen. Im Grunde wird das Neue nie gesagt, immer nur getan. Und der alte Geist, er wird als Reibungsverlust getilgt, wenn die Masse rollt, und übermorgen, wenn sie es begreift, wenn sie das Neue erkennt und schon aus Freude am Erkennen auch anerkennt, wenn das Neue wieder gesagt wird und in allen Gassen tönt: dann wird schon das Überneue fällig sein. Das Gefälle, auf das wir geboren sind, hört nicht auf, wenn wir schwindlig werden.

Das ist das eine, das Unbequeme, dass die Welt ein Ereignis ist, und ferner gibt es den holden Wahnsinn, dass es doch nicht so sei, höchstens ausnahmsweise, und dass man, wenn man die Augen schliesst, durchaus um die Bewegung herumkomme; vor allem das Irrlicht von Hoffnung, dass das Neue, wenn es denn wirklich schon sein müsste, einfach eine veränderte Art von Beständigkeit bedeute.

V

Gestern haben wir unser Dorf verlassen, und nun schlafen wir über den grossen Stallungen, wo uns vom Edlen des Pferdes wenig zukommt, vom Geruch des Pferdes aber alles. Nur bleibt es das eigentliche Talent des Soldaten, dass er in jeder Veränderung, die ja nie seinem eigenen Wunsch entspricht, doch wieder einen Vorteil sieht. So lässt sich auf der Durchfahrt zum Beispiel ein altes Versprechen erfüllen. Sogar aufs Wort genau:

Eines Abends steht er wirklich unter der niedrigen Hintertüre, einer von den drei Kanonieren, der letzte, der das Versprechen einlöst, das Jahr ist um; er streift die Mütze vom Kopf, lächelt und wartet …

Was geschieht wohl?

Sie sehen ihn gar nicht … Es tickt die Uhr auf dem Schaft, noch immer die gleiche, und erst als er das Tuch von der Herdstange nimmt, um das Geschirr abzutrocknen, wie vor einem Jahr, schreien sie auf.

Wie bald ist so ein Jahr erzählt.

Bruna will Backwerk holen. Er soll sie begleiten. Angst vor der Verdunkelung? Ihr Weg führt weiter, hinaus an den Fluss, wo die schwarzen Erlen rauschen. Alles wie damals. Mond silbert auf den Wellen, auf einem raschen Strömen, und man hört das Rauschen um die Steine, und sie stehen, die Arme eingehängt, und frösteln, das Backwerk in der Hand. Ein Kanonier, ein fremder Mensch: sie schlingt sich an ihn hinauf, von einer übersteigerten Erinnerung verführt, und lässt sich an seine Schulter fallen …

»Non!« sagt sie: »ce n'est pas juste.«

Sie trägt, in der hellen Küche besehen, ein silbernes Herz um den Hals. An der gleichen Kette baumelt ein Kreuz. Das Herz lässt sich sogar mit scharfen, roten Fingernägeln öffnen. Das ist Er! Le voilà! In einem Jahr werden sie heiraten.

Die Nacht mit den verdunkelten Strassen ist herrlich, gläserner Mondglanz auf den Dächern, und zwischen den Sternen hört man das Brummen, unsichtbar, deutlich. Fremde Flieger? Ein helles und beharrliches Summen wie von Grillen in den Feldern draussen. Dann geht es los: es heulen die Sirenen, eine nach der andern, das ganze Tal heult in die Leere einer stillen Mondnacht.

Sie, Bruna, stoppt alle Glückwünsche:

»Vous savez, ce n'est pas l'amour!«

»Mais –«

Sie lacht tapfer:

»Oui, – c'est la vie.«

Jetzt musste er Laufschritt machen.

Heute ist es ein halbes Jahr:

Wir standen damals unweit unserer Vaterstadt, die, jedenfalls in vielen Köpfen, die Vernunft verlor, unsere berühmte Nüchternheit, die bekanntlich alle Mängel an Schwung, an Begeisterung, an Wagelust, an Schöpferischem schlechthin entschuldigt. Unsere Nüchternheit: in nächtlichen Karawanen, Matratzen auf dem Dach, Teppiche hinten dran, zog sie über den Mutschellen ... Zwei von unseren Telephonsoldaten, die in jener Nacht nochmals das Kabel prüfen mussten, traten auf die Strasse hinaus, Karabiner vor, und die Wagen, grosse und kleine, stoppten, dass es quietschte. Sie machten den Schlag auf, unsere Leute, sie verlangten die Ausweise. Alles bekamen sie, willig, eilig, etwas zitternd. Wohin die Reise ginge? Wer die anderen Personen wären? Was sie in der Urschweiz wollten? Dann klappten sie den Schlag wieder zu, die Karawane rollte weiter. Es hatte sie nur gejuckt, zu sehen, wer darin war. Es waren Schweizer. Später gestanden sie, dass sie sich, müde von diesem ganzen Tag, platterdings in die kühle Wiese legten. Wer sah es? Sie konnten im Morgengrauen zurückkommen, ein Klapp mit den Füssen: Alles in Ordnung! Wer konnte es prüfen? Nur sie konnten es prüfen. Da machten sie sich nochmals auf, teilten die beiden letzten Zigaretten, stapften dem Kabel nach.

Das war im Frühling, und wir erinnern uns an alles, das scheinbar Kleinste; die Zeit kann es nicht verschleiern, und dabei ist es ja schon Historie. Wir waren eben in einer Klosterschule abgestiegen, waren daran, uns wieder einmal einzurichten. Ich musste, als Lohn für gute Laune, ein verstopftes

Pissoir putzen, die Hand an der Nase. In dem verlotterten Kreuzgang draussen, in der ersten Morgensonne, die in diese architektonische Schlucht fiel, wurden Teppiche geklopft, gedroschen, dass es hallte in den Gewölben. Es war wieder das grosse, stämmige, blonde Mädchen, das mir vorher den Draht gegeben hatte. Und in den Zimmern drüben hört man Unterricht: ein Chor von hellgrünen Kinderstimmen, wasserklar, dazwischen die gurgelnde Stimme eines Lehrers. Ich blieb, Draht und Besen in den Händen, auf dem lichten Korridor stehen; der Boden war aus alten Tonplatten, ockerfarben, wie in alten Zürcherhäusern, fleischfarben, wo die schiefen Sonnenbänder fielen, und weiss schimmerte die Decke, wölkte sich in barockem Stuck ... »Was aber machen die guten Engel?« fragte der Lehrer, und die Kinder schrien:

»Die guten Engel lieben Gott. Die guten Engel lieben auch uns. –«

»Wie aber heissen die bösen Engel?«

Chor der schreienden Kinder:

»Die bösen Engel heissen Teufel –«

»Was aber machen die Teufel?«

Chor der schreienden Kinder:

»Die Teufel hassen Gott. Die Teufel hassen auch uns.–«

Dann schrillte die Glocke: Kinder, zehnjährige Mädchen, sprudeln die Treppe herab, vorbei an meinem stinkigen Gerät, Haarbändel und Zöpfe, fliegende Schürzchen, es klappert im leeren Thek ... Draussen ist es ein prallgrüner Maimorgen.

Eine Stunde später kam der Alarm. Gerade diesen wollten sie damals nicht glauben, noch nicht, als unsere Geschütze eine Stunde später, nach einer staubwölkenden Fahrt zwischen Kerbelwiesen und blühenden Obstbäumen, bereits in den Bunkern standen. Noch auf dem Klosterplatz, unter den alten Bäumen voll Vogelgezwitscher, hatte man die Leute bestimmt, die zuerst am Geschütz arbeiteten, und die andern, die einsprangen, um die Lücken aufzufüllen. Unsere Bunker waren fertig, auch der Tarnanstrich. Sorge machte uns eine Betonmaschine, die noch umherstand, vor allem die offene braune Erde ringsum. Auch die Munition war da, Kolonnen mit Körbchen, hin und her wie Ameisen, verteilten sie auf die Bunker. Und dann warteten wir. Wir waren von allen Nachrichten abgeschnitten. Im allgemeinen schämt sich der Soldat, die Bevölkerung nach Dingen zu fragen, die nur seine Sache sind. Zudem war kaum ein Mensch zugegen. Drüben, auf einem hohen Hügelrücken, pflügte ein Gespann mit Kühen. Wir waren an unserem Platz, und das genügte; leicht war es nicht. Als gegen vier Uhr der Motorfahrer kam, sein knallendes Töff abstellte und unter ein Scheunentor schob, seine Schutzbrille und den staubgrauen Helm abnahm, brachte er einen sehr wunderlichen Befehl:

»Schuhe putzen, Füsse waschen, tadellos rasieren.«

Das war alles? – In der köstlichsten Abendsonne, die in den Fensterreihen eines Bauernhauses glomm, standen wir zwischen Birnbäumen und einer Scheune, ein Halbkreis um den Kommandanten herum. Schuhe geputzt, tadellos rasiert. Er wartete lange, lächelte nicht ganz natürlich, biss die Unterlippe, wartete wieder:

Die Lage ist sehr einfach, sagt er. Bereitschaft zum Letzten, zum Sterben. Wenn auch kein schönes Sterben, vielleicht eine Verstümmelung, ein Verrecken. Es ist unsere erste, unsere hinterste, unsere letzte Stellung. Halten oder fallen. Die Tatsachen sehen: Wir stehen ohne Chance. Hilfe? Wir kämpfen als Schweizer. Hier an diesem Ort. Unser Gegner wird uns nicht vergessen. So wie wir, so die ganze Armee. Unser Untergangskampf ist vielleicht unsere Wiedergeburt, die einzige Chance unsrer Wiedergeburt.

Und dann, indem er die Leute anblickt:

»Die Küche kommt hierher. Nachher gehe ich wieder auf den Kommandoposten. Ruht euch aus, haltet euch auch äusserlich sauber.«

Das war alles. –

Es war ein unsäglich schöner, hoher, heller Abend. Flieger waren keine am Himmel. Wir hockten unter Bäumen. Wir rupften Gräser, steckten sie in den Mund. Aufs Rauchen verfiel keiner. Jetzt wissen wir es ja! lachte einer. Andere lagen, die Hände unter dem Nacken gefaltet. Einer, der Augenwasser hatte und sich beobachtet dünkte, zog die Brille ab und putzte die Brille. Die Rede? Die meisten halten sie für überflüssig. Zumal jene, die es aus eignem Verstande wissen, aber es nicht hören wollen. Sie halten sich an jeder tröstlichen Meldung, denken noch immer in Wünschen, wie wir es all die Jahre lang übten. Nur dass es ihnen nicht mehr gelingt. Und das ärgert sie an der Rede!

Eigentlich waren wir frei.

Nur Stille hielt alle gefangen ...

Es konnte, sobald man allein und auf offenem Feld war, durchaus sein, dass man sich in einer glänzenden, nicht eben erklärlichen, geradezu festlichen Verfassung wähnte, in einer Verfassung, die gelegentlich das Vorrecht jener ist, die nichts zu verlieren haben. Das Leben, ja. Aber im Leben, als Lebender, nichts. Und davor haben wir doch die vorderste, zugleich die blindeste Angst. Aber man verliert nur sich, mitunter auch ohne Krieg, oder nichts. Das ist der kühle Rausch der Besitzlosigkeit nach allen Windrichtungen, ein Hauch von himmlischer Leere und Wachsein. Oder man meinte es wenigstens. Auf einer Zementröhre, die auf dem leeren Feld und unter einem kranken, nicht mehr grünenden Obstbaum lag, hatte ich mich gesetzt, um den Sonnenuntergang zu sehen, schlief aber sofort ein, schlagartig.

Die Nacht, die hereindämmerte, war wie für fremde Flieger gemacht.

In einer niederen Bauernstube mit Kanapee, mit Plüschsesseln und Schemeln, die aus der Küche zu Hilfe kamen, gab es schwarzen Kaffee. Vierzehn Tassen, ein Paket mit Würfelzucker. Sogar Kaffee mit Kirsch und Konfekt aus dem kleinen ländlichen Laden. Eine volle Flasche ging von Hand zu Hand; ab und zu sagte einer Danke. Wieder, wie überall, tönte ein Lautsprecher, Vaterlandslieder gurtenweise –

Dann, meint jemand, sei es immer bös.

Unser Gespräch galt natürlich den Fallschirmlern. Ein Tessiner, ein Student, ehedem ein ziemlicher Kriegsschwärmer und Draufgänger des Wortes, hatte sichtliches Mutterweh, empfand sich sehr einsam. Das verdammte Schwarzsehen, wie er es nannte, vertrug er nicht. Er kam zu lauten Vorwürfen. In der Stadt, dort hinter dem Berge, waren sie närrisch. Ein Ehemann, ein junger Vater, hatte eben noch Verbindung mit seiner Frau bekommen; jetzt zündete er sich eine Pfeife an und war auch mit einem Schemel zufrieden. Es gab ein Gefühl fast feierlicher Verbundenheit, eine seltsame Höflichkeit, wenn die Kanoniere einander den Teller herumboten. Einen guten Kameraden trafen wir erst später; ohne Verstellung, dumpf und hilflos bangt er um seine Familie an der Grenze vorne, stumm und taub, als wir ihn mitnehmen, mit Augen wie ein leidender Hund. Zur

Ruhe konnten wir nach eignem Ermessen. Wir schliefen auf einem grossen Tenn. Alle stiegen sehr früh hinauf, und man sah nur einen, der sich angetrunken hatte.

Der Himmel gegen Westen, gerade über den Bunkern draussen, war noch hell und voll Abglanz des versunkenen Tages, wie durchschimmerndes Porzellan, wenn ein goldener Tee darin ist. Im Osten sickerten die Sterne herein, grünlich, flimmernd, und die Luft war wieder frisch, aber weich. Voll Frühling, voll Erregung, dass es ist, als ginge man ohne Haut; so spürt man die Luft, die uns streift, die Ferne des Abends über den Feldern. Als wir lagen, roch es nach altem Heu, und man sah den dicken, groben Staub um die Laterne. Draussen kläffte ein Hund in die weite, hellhörige Nacht hinaus.

VI

Geschehen war nichts.

Die Stunde zwischen drei und vier Uhr war vorbei, zwischen den Ziegeln hellte der graue Himmel, und sie empfingen den stillen, friedlichen, von dörflichem Brunnenplätschern erfüllten Morgen wie ein Geschenk, einen Aufschub jedenfalls um einen Tag. Die Wachen gingen auf und ab; es dampfte die Küche und es gab Käse – und dazu die Neigung, alles wieder als ein Nachtgespenst abzutun. Dann hatten wir Turnen, einen kurzen Geschützdienst, später nochmals Turnen und Laufschritt auf der Landstrasse.

Viele Briefe wurden geschrieben.

Mit angehängtem Helm, eine Pfeife rauchend, stehen sie in einem Gemüsegarten, zwischen weisser Wäsche, betrachten den jungen Salat; in einer Kinderbadewanne schwimmt der frische Spinat, eben gewonnen und gewaschen, und mit vollen, nassen, roten Händen zieht ihn die Bäuerin heraus, schüttelt ihn, zettelt ihn in den Korb, der auf den Marktwagen kommt ...

Drinnen am Lautsprecher: Mit langsamer Stimme, nur einzelne Wörter oder Wortgruppen entziffernd, die den Satz lange nicht vollenden, immer wieder eine Pause lassend, meldet der deutsche Sprecher, dass der Übergang über die Maas – Pause – erzwungen sei.

Man sah sich so an ...

Meinem Kameraden war es inzwischen gelungen, drei Gartenschläuche aufzutreiben, die sich mit Kniffen und Drähten zusammenfügen liessen, so wenigstens, dass die Spritzer bei den Anschlüssen nicht höher als einen Meter waren. Jetzt stand er mit blossem Oberkörper, das nasse Hemd auf einen Ast geworfen, draussen auf den braunen Bunkerhügeln, die, wie es hiess, mit Heublumen besät waren; er spritzte den ganzen Morgen lang, indem er den dreifachen Schlauch, der ab und zu wieder platzte und nach allen Richtungen spritzte, von Bunker zu Bunker schleppte. Damit es rascher grüne. Es war ein hoher silberner Wasserfall, manchmal von Regenbogenfarben durchhuscht, dann wieder vom Wind in glitzernde Schleier verjagt, die laut, mit plötzlichem Tönen, über das nahe Blattgrün rieselten.

(Sie spöttelten über ihn; später wurde es sein Amt auf allen Baustellen, viel beneidet, viel umworben, nie erobert.)

Wie weit das Gras inzwischen auf unseren Bunkern gewachsen ist, weiss ich nicht. Bald nahm es unsere Batterie weg, und es drohte jene gefährliche Art von Entspannung, die den bitteren Eindruck erweckt, als würde nichts gewonnen, nichts gelernt. Wir waren eben wieder in jener Klosterschule, als unser Hauptmann kam: Jeder musste vor seinen Tornister treten. Er wollte, lächelnd, die Ordnung jeder einzelnen Planke sehen. Er ging vorbei, sah Mann und Planke an, rasch, nicht kleinlich in der Art, aber gründlich und entschieden:

Nur jetzt kein Nachlassen!

Seither ist ein halbes Jahr über uns gegangen; es ist geschehen, was wir alle wissen, da wir es erlebten.

Wissen wir es?

Wir fahren durch ein Dorf, wo fremde Soldaten stehen, lehmbraune Uniformen, ohne Gürtel, ohne Waffe; oder sie hocken auf einem Mäuerchen an der Sonne, fangen sich die Fliegen ... Das war der Übergang über die Maas, und es war nicht zum Lachen. Und es blieb nicht dabei. Er war erwacht, jener seltsamste aller Kriege, wie man ihn nannte, ein Schemen, der lange zwischen den Bunkern schlief, den man vergass und nicht mehr ganz glaubte. Spähtrupps kitzelten an ihm herum, einen Winter lang; es gab vereinzelte Tote, tägliche Versenkung von Schiffen, und in den französischen Katakomben schnitzelten sie an ihren Stöcken, die, wie man versichert, ins Meisterhafte gerieten. Aber dann, Norwegen kam noch dazwischen, war er erwacht, und es war der Schrecken für alle, ausser für jene, die ihn wagten, weil sie wussten, wie es um alles stand. Frankreich taumelte wie ein Boxer, der den ersten entscheidenden Schlag bekommen hatte, ehe man es begriff, und der oberste Franzose, der ja auch um etliches wusste, hielt Ausschau nach dem Wunder –

Italien trat in den Krieg.

Das ist im Juni, und in der gleichen Woche fällt Paris, und auf der Strasse bleibt man stehen, der deutsche Vormarsch geht weiter, aus den Häusern tönen die Nachrichten, aus den Wirtschaften tönen die Nachrichten. Ein Freund, auch auf kurzem Urlaub, kommt wie vom Begräbnis.

Wie geht es?

Paris ist gefallen ... Das ist nichts Neues, aber er findet es erleichternd, immerhin, dass nicht alles in Stücke geschossen ist, in Flammen steht, in Asche liegt. Auch wenn man nie in Paris war, es ist ein Begriff. Nicht allein für die Franzosen. Man kann nicht denken, dass Paris nicht mehr ist ...

Ein oder zwei Tage spricht man davon.

Inzwischen stossen die deutschen Armeen, die ihren flutenden Angriff nicht aufhalten, plötzlich wieder in die Flanke, das gleiche Manöver, das eben ganz Flandern einkreiste, und diesmal schlägt es nach links. In drei, in vier Tagen erreichen die ersten Truppen, es sind leichte, rasche Verbände, unsere Westgrenze. Man begrüsst sich. Die Festung der Franzosen, die Hoffnung der Franzosen, vielleicht war sie stark, wie es hiess, vielleicht auch nicht; es spielt keine Rolle. Sie steht mit dem Rücken zum Feind –

Alles nimmt seinen Gang.

Die Nachrichten werden langweilig, eine Aufzählung von Städten, zu Mittag, zu Abend. Man sieht nicht mehr auf die Karte. Es hört sich fortan wie ein Sportbericht an, so unblutig. Es schreit nicht, es stinkt nicht, es starrt nicht, es röchelt nicht, es brennt nicht. Es ist, als nähmen sie die Bunker wie warme Brötchen, und es ist, als brauchten sie keinen Schlaf, keine Rast.

Es sind die schönen Abende im Juni.

Frankreich ist am Ende –.

Sie verkaufen wieder ein Sonderblatt:

Frankreich bittet um Waffenruhe –.

Aber die Schlachten ziehen sich weiter, und Russland holt sich die baltischen Staaten, ohne dass der Zeitungsleser mehr als die Titel bemerkt. Der deutsche Kanzler, auf einem kurzen Abstecher, wartet im Walde von Compiègne …

Frankreichs tapfere Wehr wird anerkannt.

Frankreich, Gast auf eigener Erde, unterzeichnet seine Niederlage –

Alles in Würde.

Italien, zwei Wochen im Krieg, ist auch dabei. In den letzten zwei Tagen greift es an der Alpengrenze an und verzeichnet ebenfalls Siege …

England wird weiterkämpfen.

Russland überschreitet rumänische Grenzen.

Es rollt die Welt …

Noch immer weiss man nicht, was Frankreich unterzeichnet hat, es wartet auf seine Karte.

In Deutschland läuten die Glocken.

Im Jura stehen vierzigtausend Mann? fünfzigtausend? sechzigtausend? Franzosen, Araber, Engländer, Polen, die Einlass begehren; sie werden entwaffnet.

– – – –

Was ist eigentlich geschehen? Wir stehen, das Gewehr unter dem Arm, in einem Vaterland, das eines Morgens umschlossen ist. Etwas dumm steht der Stacheldraht in unsern Städten … Der Krieg, wie ein Gewitter, rollt in die Ferne … Der Blitz, die Vernichtung blieb uns erspart. Sieg und Niederlage blieb uns erspart. Alles blieb uns erspart, Bewährung jeder Art. Es ist gespenstisch, wie viele es noch nicht sehen; Grauen wartet auf unser Erwachen. Wird es geschehen, dass wir einfach zurückkehren?

Alles rechnet auf die Rückkehr.

Was bringen wir mit? Stolz auf unsere Bereitschaft, der die Probe erspart blieb, Anmassung, dass unsere Wehr uns erhielt? Wer weiss es? Auch die Wacheren wissen nicht, was uns erwartet. Hinten bricht's ab, es zerfällt, es zerfällt wie ein Stoff, der alt ist, der versengt ist, und vor uns das Warten.

Wir sehen auf das Erlebnis dieses Sommers, dieses Ereignisses, das eine Unsumme von Schicksalen zerstampfte – und vielleicht ausreicht, um die Ahnung aufzubrechen von einer Verwandlung, von einem gänzlich Neuen an Haltung, von einer Gestaltung des Lebens, von einem Beginn, von einer Befreiung zur neuen Verpflichtung; diese Ahnung, als solche nicht eben umschreibbar, von einem täglichen Leben, das habloser und härter, aber freier, wesentlicher, grosszügiger ausfallen könnte, leichter, unheimlicher vielleicht, mit dem Adel des Gemütes, mit dem Adel eines inneren Dienstes, der das Persönliche übersteigt, mit dem Bekenntnis zum Ewig-Unsicheren, das das Leben in der Schwebe hält wie eine glühende Kugel; diese Ahnung eines heiteren Mutes, der Abschied ruft von vielen lieben Formen, die tiefer begriffen werden müssen, Abschied um der Wiedergeburt ihres Geistes willen; diese Ahnung von der Vornehmheit des Wagnisses, von der Gnade des Wagnisses, vom Gegenteil eines Daseins mit seelischer Lebensversicherung, mit Vorräten an eingekochter Sitte, mit Armut an frischem Glauben, der Sitte schafft; eine Ahnung von alldem, was jenseits der Enge beginnt, und droht, und lockt – es reichte zur Ahnung. Zu einem Aufflackern vielleicht in Briefen, zu einer Arabeske des Gefühles, der Stimmung. Ein Alarm ohne Krieg, wird er hinhalten und ausreichen, dass eine Ahnung, eine, sich verwirklicht?

Er wird es nicht.

Alarm ohne Blut, auch im Menschlichen und Seelischen, und Absinken ins Alte, das gar nicht mehr da ist, und ein Leben, das wie eine Mumie umgeht, geschäftig, solange es Geschäfte gibt: Menschen, die sich jahrelang ereiferten, kommen mit dem alltäglichsten Gesicht die Strasse herab; es kommt wie ein grosses Vergessen über sie. Es wundert keinen mehr, dass es kommen musste, wie es kam. Haben es alle gewusst, nur nicht gesagt? Gewiss haben sie Mitleid mit Frankreich, Mitleid mit dem französischen Volk, dessen Städte in Schutt und Trümmer liegen, dessen Familien zersprengt sind. Frankreich war betrogen, jedes Kind weiss: Frankreich schoss mit Sägemehl. Das allein entbindet uns aller Erschütterung. Man muss gerecht sein. Es könnte den hintersten Packer packen, Ärger, Wut, Hass gegen die Leute, die grosse Reden führten, die meinten, sie könnten die Welt kaufen, und den Krieg begannen und mitten drin, mir nichts dir nichts, den Krieg verloren. Wer gibt uns nun wieder Arbeit?

Vieles ist ekelhaft.

Vieles ist schwer.

Wir stehen da, gefesselte Betrachter, zum Denken verdammt, zum Urteilen verdammt, zum Sehen verdammt. Oder berufen? Wir sind eine Insel, und man sagt, Europa braucht eine Insel. Wer sagt es? Wir sagen es. Man fragt sich leise in Freundeskreisen, was kommt, und es gibt Fragen, die uns wie Schatten umhuschen, nicht zu fassen, nicht zu lassen –

Wir werden nichts Dummes tun.

Sicher nicht.

Werden wir das Tapfere tun?

Es bleibt uns nur noch das Tapfere. Auf allen Feldern der Ehre, der Entscheidung. Ein Äusserstes an Anspannung und Beherrschung und Mut, vor allem an Ausdauer des Mutes. Es gibt keine Brücke mehr mit Geländern, nur noch ein schmales Seil, das über den Strudel führt. Ein Schafskopf kann auch das abschneiden.

Wer will es sein?

Jetzt ist es November ... Es ist ein einsamer Wolkenabend über den Bergen, über den Tälern, über den Alpen, diese unsägliche Stille und Öde der Hänge. Wie roter Rost schimmern die Stauden, wie Grünspan scheint das Geröll, Bäche, unsichtbare, Wasserfälle rauschen aus der Tiefe abendlicher Räume, aus urweltlichen Kesseln. Ringsum fällt es ab; ein verwettertes Gipfelkreuz, das seine vier Arme streckt, und ringsum fällt es ab, stürzt es, sinkt es über Vorsprünge ins Leere: Räume, in verlorenem Massstab endlich die ersten Alpen, wo auch das Dunkel, das violette Düster der steilen Wälder beginnt. Es gibt kein Höhersein hier. Wind, das Kind der Leere, diese tonlose Leidenschaft, die aus Nichts kommt und Widerstand sucht: Wind, der die dürren Gräser über den Felsen schüttelt und über die scharfen Grate winselt, irr, rastlos, gnadlos. Und fernhin über diesen Mulden und Kesseln, die voll Geröll sind, voll Menschenlosem, leuchtet eine Garbe silberner Strahlen. Ein Loch im ziehenden Gewölk, es dauert nicht lang. Alles ist Strömen, alles ist Wechsel. Eine Alp, eine kleine Wiese hebt es ins Gelbe empor, hoch aus dem Bodenlosen, aus einem Meer voll Schattendunst. Dann sind es die Kehren einer Strasse, wie ein Kreidestrich,

Hütten am Hang, ein Heutrockner und Vieh. Und wieder vorbei. Einmal blinkt der Fluss in der Talsohle, ein Stück weit, er rieselt wie Quecksilber. Und über alldem stehen die Gipfel, ein Verblauen in Stufen, keine Berge mehr, nur noch Umrisse, scharf und wie aus Glas geschnitten, bläulich wie ein durchsichtiger Rauch.

In Gipfelstunden hat es nicht den Anschein, als sei die Welt, diese Rätselsumme, zuhanden des Menschen gemacht. Nur wer Glaube trägt, wird sich noch freuen, wenn Gläubigkeiten zerschellen, und auch das Grauen segnen, das er glaubt, glauben muss. Es gab nie einen lieben Gott, auch um neunzehnhundert nicht. Gott aber, dem Ganzen, sind wir noch am nächsten, wo ringsum alles stürzt, wo uns seine Ferne entsetzt.

Als habe die Zeit einen Sprung bekommen

NACHWORT

Am 1. September 1939, unmittelbar nachdem der deutsche Überfall auf Polen bekannt wurde, beschloss der Schweizer Bundesrat die allgemeine Mobilmachung der Armee für den darauffolgenden Tag. Mehrere Zehntausend Soldaten waren bereits zuvor an die Grenzen beordert worden. Als Teil der »Motor-Kanonen-Batterie 73« bestieg auch der Kanonier Frisch einen Zug, der ihn an die Landesgrenze ins Tessin brachte. Rund sieben Wochen dauerte sein erster Einsatz im Aktivdienst, dem bis 1945 etwa sechshundert weitere Diensttage folgen sollten.[1]

Max Frisch, der am 15. Mai 1911 in Zürich geboren wurde, war damals achtundzwanzig Jahre alt und stand kurz vor dem Abschluss seines Architekturstudiums an der Eidgenössischen Technischen Hochschule. Hinter ihm lagen: der frühe Tod des Vaters, eine umfangreiche journalistische Tätigkeit, Reisen durch Südosteuropa und der Abbruch des Germanistikstudiums an der Universität Zürich. Mit dem Roman *Jürg Reinhart* (1934) und der Erzählung *Antwort aus der Stille* (1937) hatte er zwei Bücher vorgelegt, die aber noch nicht den erhofften Erfolg brachten. Nach eigener Aussage verbrannte Max Frisch seine bisherigen literarischen Erzeugnisse im Herbst 1937 in einem Wald. Er wollte einen Schlussstrich ziehen und noch einmal neu beginnen. Vor sich sah er eine bürgerliche Existenz. In der Stadtgärtnerei St. Gallen hatte er ein Praktikum angetreten, entwarf ein Planschbassin für Kinder und ein Taubenhaus – »Da läuteten die Glocken«.

Frischs »Batterie« wurde von Anfang September bis zum 18. Oktober 1939 bei Arbedo im Tessin eingesetzt. Die Soldaten hatten »fabelhaftes Wetter«, wie er auf einer Postkarte an seine Mutter bemerkte.[2] Er wählte ein Kartenmotiv, das zu seiner neuen Lebenssituation passte und höchst anspielungsreich war. Es zeigt vier Soldaten, die im Hochgebirge Stellung beziehen. Mehr noch: Die Darstellung stammt vom Künstler Otto Baumberger, den Max Frisch als Zeichenlehrer aus seinem Architekturstudium persönlich kannte. Später sollte es Baumberger sein, der Frisch zum ersten Mal von der Ermordung der Juden berichtete.

Frankiert war die Postkarte mit einer Briefmarke zur *Esposizione Nazionale Svizzera*. Die Schweizerische Landesausstellung fand seit dem 6. Mai 1939 in Zürich statt, Frisch hatte die Schau mehrmals besucht. Er war danach voller Eindrücke und »in Staunen eingewickelt«. Sein Bericht, den er im Mai für die *Neue Zürcher Zeitung* verfasst hatte, beginnt mit der zeitgenössischen Skepsis, die im Vorfeld artikuliert wurde. Man habe die Nase gerümpft: »Was können wir schon ausstellen? Kühe und Käse und Alphörner« – so sagte man. Umso begeisterter zählt Frisch auf, was nach der Eröffnung am Zürichhorn, »seit überall die heimatlichen Fahnen wehen«, mit allen Sinnen aufzunehmen war: die Trachten der lachenden Mädchen, singende Tessiner, eine Bäuerin mit einem »Antlitz [...] wie ein Holzschnitt«, »Weine aus der eigenen Erde«. Und mit einem unverkennbaren Gefühl der Rührung steht Max Frisch vor den Exponaten des Militärs,

»vor dem Ernst der feldgrauen Dinge, vor Wehr und Waffen, die wir alljährlich mit eigener Hand bedienen«.[3]

In einer Zeit, in der sich die Schweiz als kleines Land mitten in Europa zunehmend bedroht sehen musste, verhalf die Landesausstellung der Bevölkerung zu ungekanntem nationalem Stolz. Sie war Teil der sogenannten »Geistigen Landesverteidigung«, also jener pathosgeladenen kulturpolitischen Agenda, mit der die Schweiz seit 1938 auf die Propaganda aus dem Ausland antwortete. Dazu gehörte beispielsweise auch der Kinofilm *Füsilier Wipf*, der auf der gleichnamigen Novelle von Frischs frühem Förderer, dem Autor und Germanistikprofessor Robert Faesi, basierte. Der Film aus dem Jahr 1938 erzählt »in ernster und auch heiterer Weise«, so das Intro, von der Schweizer Grenzbesetzung ab 1914. Ins militärische Geschehen ist eine romantische Liebesgeschichte eingebettet. Max Frisch schrieb an Robert Faesi im Oktober 1938: »Den Film habe ich mir zwei Mal angesehen; im Ganzen waren wir sehr begeistert [...] endlich ein Schweizerfilm, der Atem und Atmosphäre hat – und Gesinnung, das, was heute vorallem nottut.«[4]

An »Gesinnung« mangelte es dem jungen Max Frisch sicher nicht, der aus dem Tessin nach Zürich schrieb und seine Mutter um Zusendung einiger Dinge bat, darunter: »ein schwarzes Notizbüchlein, um in die Tasche zu tun.« In diesem Notizbüchlein hielt er fest, was ihm begegnete und ihn beschäftigte.

*

Früh muss Max Frisch die Idee entwickelt haben, seine Aufzeichnungen an die Öffentlichkeit zu bringen. Denn bereits eine Woche nach seiner Rückkehr aus dem Tessin schickte er ein erstes, noch nicht abgeschlossenes Manuskript an den Atlantis Verlag. Im November und Dezember 1939 druckte der Verleger Martin Hürlimann die Aufzeichnungen in seiner Zeitschrift *Atlantis* in zwei Folgen ab. Sie erschienen unter dem Titel »Aus dem Taschenbuch eines Soldaten« und versprachen unmittelbare Nähe zum Zeitgeschehen.[5]

Mit dieser Arbeit wandte sich Frisch sogleich an den Schweizerischen Schriftstellerverein, von dem er Anfang des Jahres die erste Hälfte einer Gabe aus dem »Eidgenössischen Fonds zur Unterstützung arbeitsloser Künstler und Intellektueller« erhalten hatte. Bewilligt worden war das Geld eigentlich für eine Novellensammlung, die Frisch jedoch schuldig blieb. Nun bat er um die Auszahlung der zweiten Hälfte der staatlichen Leistung und stellte die neue Arbeit vor:

> Es ist das Taschenbuch eines Soldaten, eine Arbeit aus dem Grenzdienst, die nicht den Anspruch erhebt, ein abgeschlossenes und ausgerundetes Werk darzustellen, die aber gerade drum, weil sie ganz aus der Forderung des Tages entsprungen ist, einen anderen Wert haben kann.[6]

Sein »Schreiben an die Eidgenossenschaft« wird auch in den *Blättern aus dem Brotsack* erwähnt. Der Soldat, so ist dort zu lesen, plagt sich damit, im Herbst eine druckreife Arbeit liefern zu müssen. Gleichzeitig erhält er von seinem Hauptmann den Auftrag, jeden Tag an einem »Tagebuch unseres Grenzdienstes« zu arbeiten. In Frischs literarischer Darstellung erscheint es so, als wären die vorliegenden Aufzeichnungen das Produkt dieser beiden Verpflichtungen. Tatsächlich handelte es sich bei dem Tagebuch seiner Einheit, das er in eine »feldgraue Schreibmaschine« tippte, wohl um einen ganz anders gearteten, protokollhaften Text, der etwa die Mahlzeiten und die Art der verrichteten Arbeiten dokumentierte. Die implizite Lektüreanweisung für die *Blätter* wird damit jedoch deutlich: Sie sollen nicht als subjektive Erlebnisschilderung, sondern als exemplarischer Bericht gelesen werden.

Der Schriftstellerverein bewilligte den Betrag. Zustimmung fanden die Aufzeichnungen auch im Feuilleton der Neuen Zürcher Zeitung. Redaktor Eduard Korrodi bot Frisch an, einen Teil abzudrucken, und so brachte die NZZ im März 1940 einen Vorabdruck der *Blätter aus dem Brotsack*, die im Atlantis Verlag mittlerweile zu einem Buch gediehen waren. In seinem Vorspann zum Abdruck in der Zeitung greift Korrodi in die höchsten Register:

> Diese Skizzen unterscheiden sich in Gehalt und Darstellung von Reportagen aus dem Dienstleben, die dem flüchtigen Augenblick gelten. In der Natur- und Menschenbeobachtung, in dem vielfältigen Reiz der Sprache wirkt sich echtes Dichtertum aus, das keine falschen Töne duldet.[7]

Das Wort »Dichtertum« verweist darauf, dass es sich bei den *Blättern aus dem Brotsack* nur vordergründig um die spontanen Aufzeichnungen eines Soldaten handelt. Die *Blätter aus dem Brotsack* lassen eine ambitionierte Arbeit an der sprachlichen Form erkennen. So werden Alltagsbeobachtungen mit symbolisch aufgeladenen Naturbetrachtungen durchsetzt, Anekdoten wechseln mit philosophischen Überlegungen ab. Auch den Spielraum der Ironie, der sich zwischen nationalem Pathos und der Realität der eigenen Wirklichkeit bietet, wird vom Autor geschickt genutzt – etwa, wenn er die »Bruderschaft verschiedener Sprachen« in der Schweiz beschwört und dann berichtet, dass die Soldaten im italienischsprachigen Tessin nur »mit knapper Not noch ein Bier bestellen« können. Neben den Grenzen der Sprache lotet Frisch die Grenzen des Körpers, ja des Menschseins aus: »Wie Fabelschweine oder eine Art von gespenstischen Wespen« stehen die Soldaten mit ihren Gasmasken da. In einer anderen Passage falten sich die Hände selbständig, man fühlt die Ruhe eines Steins, das Denken hört auf.

Mit der Ausnahmesituation des Militärdienstes, der fern vom gewohnten bürgerlichen Leben stattfindet, hatte sich Max Frisch bereits vor dem Zweiten Weltkrieg literarisch auseinandergesetzt. Im September 1935 publizierte die NZZ in drei Folgen sein »Tagebuch eines Soldaten«. Geschildert wird eine Situation des Kriegszustands, die hier jedoch ein Manöver bleibt. In literarischer Hinsicht nimmt dieser frühe Text bereits manches vorweg, was die späteren *Blätter aus dem Brotsack* kennzeichnet: die Schilderung der herbstlichen Landschaft, die schweißtreibende Arbeit, die Langeweile und den Zeitvertreib.

Und auch ein literarisches Vorbild hatte Frisch beim Schreiben vor Augen. Im *Rumänischen Tagebuch* von 1924, worin der deutsche Schriftsteller Hans Carossa von seinem Einsatz als Bataillonsarzt im Ersten Weltkrieg berichtet, erkannte er »menschliche Größe, die sich in einer flammenden und blutenden Welt, wo alles aus den Fugen fällt, zum Glauben an den Sinn durchringt; da ist diese weite Kraft, daß einer neben dem Einschlag der Geschosse noch die blühende Blume sieht«.[8]

Weitgehend ausgeklammert bleibt bei Max Frisch jedoch eine *politische* Auseinandersetzung mit der tiefgreifenden Umwälzung, die Europa in jener Zeit erfasste.

*

Frischs Aufzeichnungen beginnen im September 1939 mit der Mobilmachung und dem plötzlichen Verlassen des gewohnten Alltags. Geschildert wird ein Ausnahmezustand, ein Aufbruch ins Ungewisse, ein Klima der Angst, in dem ein deutscher Überfall auf die neutrale Schweiz nicht unwahrscheinlich erscheint – »es ist, als habe die Zeit einen Sprung bekommen, und man weiss nicht mehr, wie die beiden Teile jemals zusammengehörten«. Eindrücklich sind die Bilder, mit denen er das plötzliche Ausgeliefertsein zu fassen sucht: »Wo man hinhört, man ist nicht der einzige, der sich in diesen Tagen wie ein armseliger Käfer vorkommt, von einer grossen und scheinbar mutwilligen Hand zurückgeworfen, wo man sich eben, nach jahrelangem Mühen, endlich einem Ausweg nahte.«

Nach Jahren der Unsicherheit und des Zweifels an seiner schreibenden Existenz sieht sich Frisch erneut zurückgeworfen. In der äußersten Spannung und Todesgefahr verspürt er aber auch eine berauschende Gegenwart, eine Konzentration auf das Wesentliche und den Augenblick: »Er hat schon viel für sich, dieser Zustand, wo alles ausfällt, was nicht in den Tornister geht, was man nicht stündlich auf den eigenen Rücken laden kann. So vieles bleibt zurück, was man eben noch sehr wichtig nahm.«

Doch die außergewöhnliche Situation wird bald von neuen Routinen eingeholt. Auch der militärische Alltag kennt seine Struktur und Wiederholungen. Man erledigt, was erledigt werden muss, bereitet die Geschütze auf einen Einsatz vor, treibt Sport und versammelt sich allabendlich vor dem Radio. Die Weltgeschichte bleibt dabei »schemenhaft«, verblasst vor der täglichen Arbeit mit der eigenen Hand. Der Soldat Frisch, der mit dem Entwerfen von Befestigungsanlagen betraut wird, kann sogar ein Stück weit in seinen Beruf zurückkehren:

> Dann lässt man mich allein; ich ziehe den Waffenrock aus, spanne das saubere Papier und spitze wieder einmal den Bleistift. Wie vor drei Wochen an der ersten Stelle. Natürlich fühlt man sich wie ein Fisch, den man ins Wasser zurückwirft – wenn es auch nur das Wasser in einer Fischerbüchse ist!

Aber das Ziel aller Tätigkeiten bleibt diffus, denn der Angriff bleibt aus. »Das Eigentliche aber, das Mühsame ist das Ereignislose«, schreibt Frisch. Umso mehr scheint der Soldat die Zeiten der Muße und kleinen Fluchten aus dem Dienst zu genießen. In seine Betrachtungen der herbstlichen Jahreszeit und der archaischen dörflichen Lebenswelt mischt sich auch die Perspektive des Architekten: »Das Schönste jedoch ist das Gemäuer, das beinah zerfallende, das rohe und lebendige Gemäuer aus unbehauenen Steinen, ohne Putz natürlich und nur vom Halbschatten eines Weinlaubes überspielt.«

Leise Todesromantik und Träumereien in der Natur bilden den sprachlichen Kontrast zu den »nach Rohöl stinkenden Wagen« und zeigen, dass ein ambitionierter junger Autor am Werk ist, der von den Gipfeln des Tessins auf den

Höhenkamm der Literaturgeschichte blickt: »Denkt Homer es sich so?«

Max Frisch erinnert sich in den Tessiner Bergen mit Begeisterung an die Landesausstellung oder spaziert über die symbolträchtigen Ruinen des Castello di Mesocco – jener mittelalterlichen Festungsanlage im Misox, die in ihrer langen Geschichte nie eingenommen wurde. Aber der Schweizer Soldat ist auch eigensinnig und schickt sich nicht in einen »Kadavergehorsam«. Aufschlussreich sind Frischs Beobachtungen zur Führungskultur in der Armee. Offiziere werden kritisch gesehen und müssen sich das Vertrauen ihrer Soldaten erst erwerben.

Doch ein Befehl bleibt ein Befehl, auch wenn er sinnlos erscheint. Und während der Sadismus einzelner Offiziere beklagt wird, sind auch die einfachen Soldaten nicht frei von Dominanzgelüsten. Beim heutigen Lesen, acht Jahrzehnte später, reibt man sich immer wieder erstaunt die Augen, wie selbstverständlich nicht nur Nationalismus, sondern auch Machismus und Rassismus ihren Platz in der soldatischen Lebenswelt haben: Auf die nicht wehrtauglichen Männer, die ›nur‹ im Hilfsdienst (HD) dienen, wird herabgeschaut; Frauen treten meist namenlos und als Liebesobjekte auf; stereotyp wird »das blödsinnige Gesicht mit dem halboffenen Mund« eines »Idioten« beschrieben; zweimal kommt das N-Wort vor.

Die *Blätter aus dem Brotsack* sind ein Dokument ihrer Zeit, deren historischer Kontext nicht zu vernachlässigen ist. Ihr Verfasser, der »Brotsack-Frisch«, wie ihn ein Oberstleutnant einmal bezeichnete,[9] erscheint als durchaus pflichtbewusster Soldat, wenn auch nicht frei von Fehlern. Einmal wirft ihm der Hauptmann vor, er sei der »misslichste Soldat auf dem ganzen Platz«. Später meinten sich ehemalige Soldaten – vielleicht auch aus politisch motivierter Missgunst heraus – an einen »lausigen Soldaten« zu erinnern.[10] Der junge Akademiker, der sich sonst im gebildeten Zürcher Bürgertum bewegte, hatte es sicher nicht leicht unter den Handwerkern und gestandenen Wehrmännern seiner Einheit. Aber er gab sich Mühe dazuzugehören, spricht nicht nur von sich selbst, sondern von einem »Wir«.

*

Im Frühling 1940 war die Situation in Europa erneut höchst angespannt. Deutsche Truppen überfielen die Niederlande, Belgien und Luxemburg mit dem Offensivziel Frankreich, und die Schweiz machte wieder mobil. Seinen neunundzwanzigsten Geburtstag am 15. Mai 1940 verbrachte Max Frisch in einem Bunker bei Bremgarten im Kanton Aargau: »Heute, Geburtstag«, notierte er ins Notizbüchlein, »wieder ein strahlender Tag über einem grünen, hügelwogend weiten Land, über Blütenträumen und blühenden Wiesen.« Aber auch: »Allgemeine Sorge; keine Aufregung, aber der Ernst, der äusserste, steht vor jedem.«[11]

Auch im Sommer musste Frisch einrücken. Dieses Mal ging es wieder ins Tessin, nun ins Bleniotal, nach Malvaglia, Chiesa. Die Erlebnisse des Jahres 1940 verarbeitete er ein weiteres Mal literarisch. Um Weihnachten 1940 ließ er eine neue Folge der *Blätter aus dem Brotsack* in der Neuen Zürcher Zeitung abdrucken. Im Unterschied zu den ersten Aufzeichnungen vom Herbst 1939 ist der Ton dieser Texte deutlich gedämpfter, das Pathos des Neuen verpufft, denn »wer will noch von Soldaten hören?«. Frisch wendet sich den dörflichen Szenen zu, erzählt vom Grotto, in dem man »Abend für Abend« sitzt, oder vom Bunker, der inzwischen fertiggestellt ist und getarnt werden muss. Aber die Bedrohung scheint noch abstrakter geworden: »Wir dürfen nicht vergessen, dass wir Soldaten sind.« Zwar hört man immer noch die Nachrichten, aber die Brände Europas scheinen unheimlich fern: »Die Nachrichten werden langweilig, eine Aufzählung von Städten [...]. Es hört sich fortan wie ein Sportbericht an, so unblutig.«

Zunehmend mischt sich ein skeptischer Ton zur Geisteshaltung seiner allzu ruhigen Landsleute in die Aufzeichnungen: »Man empört sich über das Störende, das Entsetzen darüber, dass die Welt nicht ein Bestand, wie es der allgemeine Schweizer sehen möchte, sondern eine Bewegung ist.«

Die neuen Texte schickte Frisch an den Atlantis Verlag, und er bedauerte, dass die Fortsetzung keinen Eingang mehr in die Buchausgabe finden konnte:

> Ich möchte Ihnen doch mitteilen, dass ich, als stellenloser Architekt, wieder eine Hand voll Brotsackblätter gemacht habe, – die nun demnächst im Romanfeuilleton erscheinen werden. [...] Mir tut es natürlich leid, dass dies Neue – es handelt vom grossen Frühlingsalarm, andeutungsweise auch von unsrer grundsätzlich veränderten Situation – nicht mehr im Buch sein kann.[12]

Hürlimann wollte die Möglichkeit einer erweiterten Neuausgabe, wie sie jetzt erstmals mit diesem Buch vorliegt, zumindest »im Auge behalten«.[13] Noch im Sommer 1941 ergänzte Frisch seinen Text und berichtete Hürlimann von seiner Arbeit an diesem »Zeugnis unsrer rätselvollen Kriegsfriedenzeit«[14]. Doch die *Blätter aus dem Brotsack* waren in ökonomischer Hinsicht ein mäßiger Erfolg, und so kam es erst 1964 zu einer Neuausgabe des Buchs im Atlantis Verlag, in der die Ergänzungen jedoch nicht enthalten waren.

NZZ-Redaktor Werner Weber lobte den Text beim Wiederlesen nach langer Zeit und fragte anlässlich der Neuausgabe: »Gibt es in der jungen Schweizer Literatur ein anderes Buch, in dem ebenso genau, wahr und gut die innere und die äußere Erfahrung des Bürgers dargestellt ist, der seinen Arbeitsplatz verläßt und Soldat wird?«[15]

Doch Max Frischs eigenes Verhältnis zur Armee und zur Eidgenossenschaft war in den 1960er-Jahren längst nicht mehr so stabil wie zur Zeit der Mobilmachung. Es hatte einen Sprung bekommen.

*

Nach dem Ende des Zweiten Weltkriegs reiste Max Frisch durch das zerstörte Europa, wovon sein *Tagebuch 1946–1949* eindrücklich berichtet. Noch waren es vor allem die Soldaten des Auslands, die vielen Täter und Opfer, die ihn beschäftigten und denen er seine Theaterstücke *Nun singen sie wieder* (Uraufführung 1945) und *Als der Krieg zu Ende war* (Uraufführung 1949) widmete. Zunehmend nahm er aber auch die Armee seines Heimatlands und die eigene Zeit im Aktivdienst kritisch in den Blick. Den Protagonisten seines Romans *Stiller* (1954) lässt er in einem eidgenössischen Zeughaus eine halb verrottete militärische Ausrüstung inspizieren. James Larkin White, den man für den vermissten Stiller hält, packt »den räudigen, aber auch sonst eher komischen Tornister«[16] aus, und es wird klar: Mit der Rolle eines Schweizer Soldaten möchte sich der, der hier seine Aufzeichnungen führt, kaum identifizieren.

Auch im Roman *Mein Name sei Gantenbein* (1964) findet sich eine Passage zur Militärzeit. Berichtet wird von einem Ausflug auf den Piz Kesch in Graubünden, in einen »Heustadel, wo es hundekalt war, kein Heu, Durchzug, eine sternklare Nacht«. Der hier erzählt, meidet die Kesch-Hütte, um keinen Offizieren zu begegnen. Er möchte »Urlaub von jedem Meldezwang«[17] haben und hält vorsichtig Ausschau nach Offizieren. Geschildert wird die unheimliche Begegnung mit einem Deutschen, der sich als Tourist ausgibt, wahrscheinlicher aber ein Spion ist. Der Erzähler stellt sich vor, wie er den Deutschen von einem Fels stoßen würde, was jedoch nicht geschieht. Am Abend, zurück in seiner Einheit, verschweigt er die Begegnung. Die *Gantenbein*-Passage erscheint als geschicktes literarisches Spiel mit individuellen Handlungsmöglichkeiten, geknüpft an Fragen des persönlichen Gewissens und der militärischen Pflicht.

Der zunehmend politisierte Max Frisch setzte sich aber nicht nur mit individuellen Fragen, sondern auch mit der gesellschaftlichen Rolle der Schweizer Armee auseinander. Er fragte nach der »unbewältigten schweizerischen Vergangenheit«, verurteilte die Flüchtlingspolitik zur Zeit des Zweiten Weltkriegs und nahm in seinem *Tagebuch 1966–1971* die Schweizer Waffenexporte kritisch in den Blick. Seine Schrift *Dienstbüchlein* von 1974 ist eine erneute Auseinandersetzung mit dem eigenen Aktivdienst – dieses Mal jedoch aus der historischen Distanz. Fünfunddreißig Jahre nach der Mobilmachung ist jede Ergriffenheit verflogen: »Ich bin ungern Soldat gewesen. Immerhin sind Erfahrungen nicht abzugeben mit der Uniform, Erfahrungen mit unserem Land, mit sich selbst.«[18]

Im *Dienstbüchlein* bettet Frisch seine individuelle Erfahrung in die Zeitgeschichte ein, berichtet von seiner eigenen Angst, den kleinen Fluchten aus dem Dienst, aber auch von der höchst repressiven Flüchtlingspolitik der Schweiz. So konstatiert er für das Jahr 1942:

> Nach drei Kriegsjahren befinden sich 9600 Flüchtlinge in der Schweiz. Bundesrat v. Steiger, verantwortlich für die schweizerische Flüchtlingspolitik, erklärt vor einer Landsgemeinde der Jungen Kirche: »Das Boot ist voll.« Einwohnerzahl der Schweiz: 4 265 703.[19]

Ernüchtert und selbstkritisch blickt der spätere Frisch auf seine *Blätter aus dem Brotsack* zurück, die er nun als »treuherzige[s] Tagebuch« bezeichnet.[20] Seine Leserschaft musste das in weiten Teilen erstaunen, denn die *Blätter aus dem Brotsack* waren allgemein bekannt, und Kritik an der Armee galt als Tabu. Das *Dienstbüchlein* provozierte und trug zur Politisierung einer ganzen Generation bei. Hält man das frühe neben das späte Werk, wird deutlich, wie sehr sich das Erleben und Erinnern einer extremen Situation verändern können.

*

Ihren Höhepunkt fand Max Frischs Auseinandersetzung mit dem Militär im Jahr 1989 mit der Schrift *Schweiz ohne Armee? Ein Palaver*. Im Kontext der Volksinitiative »Für eine Schweiz ohne Armee und für eine umfassende Friedenspolitik« reflektierte Frisch nochmals die eigene Zeit im Aktivdienst. Nun lässt er einen Großvater mit seinem Enkel diskutieren: »Im Ernst, Jonas: die Armee abschaffen, das würde bedeuten, dass eine andere Schweiz entsteht, stell dir vor, eine lebendige und künftige Schweiz, das ist es ja, wovor man Angst hat.«[21]

Unter dem Titel *Jonas und sein Veteran* wurde der Dialog am Schauspielhaus Zürich und am Théâtre de Vidy in Lausanne auf die Bühne gebracht. Max Frisch nahm an öffentlichen Diskussionen teil und lancierte gemeinsam mit dem Künstlerfreund Gottfried Honegger eine Plakataktion. Zwar scheiterte die Initiative an der Urne, doch mit einem Ja-Anteil von 35,6 % erreichte die Gruppe für eine Schweiz ohne Armee (GSoA) ein unerwartet hohes Ergebnis, mit dem niemand gerechnet hatte und das unter anderem zur Einführung des Zivildienstes in der Schweiz führte.

Die Gegner der Initiative organisierten im Jahr 1989 »Diamantfeiern« – etwa auf der symbolträchtigen Rütliwiese – und gedachten ehrfürchtig der Mobilmachung vor fünfzig Jahren. Kurz darauf kam ans Licht, dass der Schweizer Staatsschutz mehrere Hunderttausend Personen, darunter Max Frisch, jahrzehntelang überwacht hatte. Frisch erhielt die Akte zu seiner Person, die sogenannte »Fiche«, kurz vor seinem Tod. Er las und kommentierte sie, war wütend und sagte seine Teilnahme an der geplanten 700-Jahr-Feier der Eidgenossenschaft ab. Seine Beschäftigung mit der eigenen Fiche ist im posthum erschienenen Band *Ignoranz als Staatsschutz?* (2015) dokumentiert.

Von der »Geistigen Landesverteidigung« bis zur Fichen-Affäre machte Max Frischs politisches Denken tiefgreifende

Veränderungen durch. Er sah sich zunehmend enttäuscht von der offiziellen Schweiz, fühlte sich hinters Licht geführt und belogen – und er verschwieg seine Meinung nicht, weil ihm stets daran gelegen war, sein Land in einem aufklärerischen Sinne zu einem besseren, demokratischeren, friedlicheren und gerechteren Ort zu machen. Sein staatsbürgerliches Engagement machte ihn selbst zur vermeintlich »kommunistischen« Hassfigur, die manch einer am liebsten nach Moskau geschickt hätte. Zahlreiche Schmähbriefe im Nachlass zeugen davon.

Die frühen *Blätter aus dem Brotsack* stehen ganz am Anfang einer langen politischen Bewusstwerdung, auch am Anfang von Max Frischs Weg zum Weltautor, der für seine spezifische Form des Tagebuchs berühmt werden sollte. Sie sind einerseits historisches Dokument, andererseits zeigen sie einen Schriftsteller, der sich schreibend an die Situation seiner Zeit herantastet. Das macht es auch heute spannend, sie zu lesen.

Tobias Amslinger

---

1 Eine ausführliche Darstellung von Frischs Aktivdienstzeit findet sich u. a. bei Urs Bircher: *Vom langsamen Wachsen eines Zorns. Max Frisch 1911–1955*, Zürich 1997, sowie bei Julian Schütt: *Max Frisch. Biographie eines Aufstiegs. 1911–1954*, Berlin 2011.

2 Postkarte von Max Frisch an Lina Frisch, 11. September 1939 (Poststempel), Max Frisch-Archiv.

3 Max Frisch: »Was das eigentliche WUNDER ist …«, in: Neue Zürcher Zeitung, 21. Mai 1939.

4 Brief von Max Frisch an Robert Faesi, Oktober 1938, Kopie im Max Frisch-Archiv.

5 Max Frisch: »Aus dem Taschenbuch eines Soldaten«, in: Atlantis, Heft 11 (1939), S. 639–646; Heft 12 (1939), S. 689–695.

6 Brief von Max Frisch an den Schweizerischen Schriftstellerverein (Durchschlag), 25. November 1939, Max Frisch-Archiv.

7 Eduard Korrodi: Vorbemerkung zu »Blätter aus dem Brotsack«, in: Neue Zürcher Zeitung, 24. März 1940.

8 Max Frisch: »Kleines Tagebuch einer deutschen Reise« (3. Teil), in: Neue Zürcher Zeitung, 20. Mai 1935.

9 Vgl. Max Frisch: *Dienstbüchlein*, Frankfurt am Main 1974, S. 45.

10 Vgl. Schütt: *Max Frisch*, S. 257.

11 Max Frisch: Schwarzes Notizheft, 1940, Max Frisch-Archiv, A-N-115.

12 Max Frisch an Erwin Jaeckle, 28. November 1940, Zentralbibliothek Zürich, Ms Atlantis 12.20.

13 Martin Hürlimann an Max Frisch (Briefdurchschlag), 6. Dezember 1940, Zentralbibliothek Zürich, Ms Atlantis 12.20.

14 Max Frisch an Martin Hürlimann, 14. Juni 1941, Zentralbibliothek Zürich, Ms Atlantis 12.20.

15 Werner Weber: »›Blätter aus dem Brotsack‹. Zur Neuausgabe von Max Frischs Aufzeichnungen aus dem Grenzdienst 1939«, in: Neue Zürcher Zeitung, 15. November 1964.

16 Max Frisch: *Stiller*, Frankfurt am Main 1954, S. 199.

17 Max Frisch: *Mein Name sei Gantenbein*, Frankfurt am Main 1964, S. 52.

18 Frisch: *Dienstbüchlein*, S. 9.

19 Ebd., S. 108 f.

20 Ebd., S. 23.

22 Max Frisch: *Schweiz ohne Armee? Ein Palaver*, Zürich 1989, S. 60.

MAX FRISCH, 1911 in Zürich geboren, war achtundzwanzig, als der Krieg ausbrach und er erstmals zum Grenzdienst einberufen wurde. Er sollte es insgesamt auf 650 Diensttage bringen. Das Schreiben hatte er zu dieser Zeit, zugunsten der Architektur, eigentlich an den Nagel gehängt: »Mit 25 Jahren war ich fertig mit der Schriftstellerei.« Mit dem Grenzdienst bekam das Tagebuch, eine Form, die sein späteres Werk maßgeblich prägen sollte, eine neue Bedeutung.

Frisch, dessen Bücher vor seiner Zusammenarbeit mit dem Suhrkamp Verlag bei der DVA und im Atlantis Verlag erschienen, gelang in den fünfziger Jahren der große literarische Durchbruch; mit Theaterstücken und seinen Romanen *Stiller*, *Homo faber* und *Mein Name sei Gantenbein* wurde er einem breiten Publikum bekannt und fand Eingang in den Schulkanon. Er verstarb 1991 in Zürich.

TOBIAS AMSLINGER, 1985 in Stuttgart geboren, studierte Philosophie, Allgemeine und Vergleichende Literaturwissenschaft sowie am Deutschen Literaturinstitut Leipzig. Seit 2016 leitet er das Max Frisch-Archiv an der ETH-Bibliothek in Zürich.